|识干家®·博瑞森图书|

企业阅读 本土实践

变局下的
快消品营销实战策略

杨永华◎著

 中华工商联合出版社

图书在版编目（CIP）数据

变局下的快消品营销实战策略/杨永华著．—北京：中华工商联合出版社，2014.3

ISBN 978-7-5158-0867-3

Ⅰ.①变…　Ⅱ.①杨…　Ⅲ.①营销战略　Ⅳ.①F713.50

中国版本图书馆 CIP 数据核字（2014）第 038778 号

变局下的快消品营销实战策略

作　　者：杨永华
责任编辑：于建廷　效慧辉
责任审读：郭敬梅
封面设计：久品轩设计
责任印制：迈致红
出版发行：中华工商联合出版社有限责任公司
印　　刷：三河市文阁印刷厂
版　　次：2014 年 5 月第 1 版
印　　次：2014 年 5 月第 1 次印刷
开　　本：787×1092 毫米　1/16
字　　数：200 千字
印　　张：15.5
书　　号：ISBN 978-7-5158-0867-3
定　　价：46.00 元

服务热线：010－58301130
团购热线：010－58302813
地址邮编：北京市西城区西环广场 A 座 19－20 层，100044
http：//www.chgslcbs.cn
E-mail：cicap1202@sina.com（营销中心）
E-mail：gslzbs@sina.com（总编室）

博瑞森图书：企业视角　本土实践

亲爱的读者朋友：

也许您是博瑞森图书的老读者，也许是新朋友，欢迎您阅读博瑞森图书！

当今中国，各行各业都存在着转型升级的压力与机遇。博瑞森图书与您一同应对转型挑战并发现其带来的机遇。

我们一直在问：什么样的书能为您解决管理难题并带来启发？

我们一直在找：哪些作品最能帮助企业从跟随到领先？

我们一直在做：把最好的作品以最便捷的方式呈现给您，纸质版、电子版、听读版、书摘邮件、微信……

我们策划图书的原则是：

- 企业视角——与您一样，做水中的游泳者，而非岸上的观众或教练，企业的困惑就是我们的任务。
- 本土实践——与您一样，立足本土环境，追求卓越实践，传播最适合当下中国企业的管理之道。

针对部分读者朋友提出的“道理都懂了，但还是不知道怎么做？”2014年，我们将推出“作者见面会”，内容涉及营销、管理、生产、HR等诸多领域。让来自实战一线的专家作者现场指点、传授。

如果有一天，您把博瑞森图书视为您优秀的事业伙伴、管理助手，我们也就实现了自己的梦想。

博瑞森图书
010－51900529
bookgood@126.com

智者　行久远

养元智汇饮品企业总裁　范召林

商场如战场，这在如今的快消品市场领域正得到充分的展现。变动的市场与变化的需求正在给营销工作带来挑战，依赖营销战术也许还能取得一时、一市（场）的成功，但要做到持续的成功已是难上加难。成功不再像过去一样能够孕育成功，甚至还有可能掉入“成功陷阱”——过去的成功成为今天的包袱，今天的成功成为明天的束缚。

快消品市场的这种变化让众多的营销从业人员走到了一个非常关键的十字路口，学习与创新变得比以往更加重要，学习把握现在、创新迎接未来。站在前人的肩膀上，学习他们的营销智慧与经验并与时俱进，这样的营销人员路会越走越宽，会从成长走向成功；相反，那些只低头拉车而不抬头看路，甚至连车都拉不好的营销人员不仅会越走越累，而且生存空间也会越来越小。变局中的快消品市场继续向前发展，需要营销智者的推动。

智者，以良好的学习习惯和实践精神做基础，不走冤枉路，善于学习前人总结出来的规律、理论和经验。智者有正确的价值观，会将知识应用于实践并从中产生价值。智者有理性的批判精神，不生搬硬套，会活学活用。智者有使命感，不满足于自己一人的成长，而是以整个行（职）业的进步为荣。

好在快消品领域正涌现出越来越多的营销智者，杨永华先生就是其中的一位。结识杨永华先生是养元智汇饮品企业2009年初的年度营销培训上，那是我们企业崛起的元年。他不仅为我们做了非常有价值的培训，而且还从咨询的角度给了我们非常好的建议。之后的这些年，我们不仅有着各种形式的合作，而且也是非常好的朋友。

多年的合作与接触，我知道杨永华先生有着深厚的理论功底，有着从基层业务到领袖型企业操盘手的营销从业历程，有着助推快消类行业企业从成长到成功的咨询经历。如今他以20年的职业营销、职业咨询经历，将自己的真知灼见整理成书。不仅从战略的高度回答了什么是营销策略重构，为什么要以战略思维实施营销策略重构；而且又从快消品企业应对行业变局的角度回答了改变哪些营销策略就能实现营销体系创新，如何通过营销体系创新实现企业整体营销能力的提升。以我个人对本书的理解，本书旨在帮助那些正战斗在快消品营销领域的人员不走重复路、不走寻常路。他用自己的思想与行动助推更多的营销智者出现。

营销实践以及营销创新需要像杨永华先生这样的智者，智者方能行久远。

2014年3月1日

以战略思维重构营销策略

从事快消品行业已近 20 年了，从基层业务员到区域主管，再到营销老总——掌管企业经营管理，进而落脚在咨询行业。这其中所经历的行业与企业变迁，不断沉淀为个人的感悟与思考，不吐不快。

写这本书的原因有三：

一是基于中国快消品的消费转型，快消品消费需求已经从生存型转向了享受型。因此，对于快消品企业而言，要能够从需求出发，以顾客为中心研究享受型消费的基本特征和需求本质。

二是绝大多数快消品企业都属于传统产业，且属于产品附加值比较低的行业。在通货膨胀的宏观背景下，企业的经营状况不容乐观，企业如何应对经营要素的不确定性，以及如何通过经营理念和经营模式的调整以应对通胀和综合成本上升的压力，成为非常关键的问题。

三是应对需求和企业经营转型的出水口仍然是营销，因为营销是企业经营的核心手段与能力。因此，在这个时候需要重新构建新环境下的企业营销体系，而重新构建的核心是以战略思维重构企业的营销策略。

那么，什么是营销策略重构的战略思维，为什么要以战略思维实施营销策略重构?

我们以产业发展周期为视角，从产业远见与产业创新两个方面解读当前快消品企业所面临的困境，如通胀和经营成本上涨给企业的生存与发展带来的挑战与威胁。为了帮助大家能够很好地理解这个问题，我们以食品行业与企业为标杆解读了产业历程，从产业领导者康师傅20年的变迁，以及对诸多挑战者、追随者和补缺者的产业内企业群体的解读，以我们的亲身经历给读者展示了一个行业全景式的真实案例。

快消品企业应对行业变局，需要以哪些营销策略构建新营销体系，又如何采取新环境下的营销策略呢?

我们知道，营销策略的核心包括4大策略，即市场，渠道，终端，产品。当然，团队不仅仅是策略，而是策略中的策略。

从市场的角度出发，我们从空白市场开发、新市场运作、成长期的市场培育、成熟期的市场经营与管理等角度，全案展示了一个企业市场建设的全过程。因为企业兴衰看市场，市场是企业经营的核心，市场作为一种资源也是企业的核心资源。

从渠道变革的角度，结合当前电商、卖场等新兴渠道崛起的市场背景，站在厂家和经销商的角度，以“有人的地方就可能”的战略思维，提出当前快消品企业的“大渠道时代”的到来，并进一步结合实践阐述了如何制定正确的渠道策略，如何实施渠道分类运作。

终端之后怎么办?一直是整个中国营销界的困惑与难题。快消品界的朋友都知道，终端渠道已经成为厂商的核心渠道。从著名管理学者包政先生创造性地提出深度分销模式之后，“渠道为王，终端制胜”的渠道策略席卷了整个营销界，且持续长达20年之久。

终端之后做推广，我们的思想再次在包政老师那里得到了印证与肯定。因为包政老师的《营销的本质》和《营销初心》明确提出，营销的本质就是构建与顾客持续交易的基础，而推广就是与顾客建立持续交易的核心手段之一。这一点，也在雷军小米手机的成功中得到了验证，因为小米手机成功的本质就是借助互联网平台做推广，构建了与顾客持续交易的基础。

市场、渠道、推广，这三个营销要素都服务于企业的产品，或者说产品是上述三个营销要素的载体。我们一直认为，从产品的角度看营销，产品是皮，营销是毛。皮之不存毛将焉附？之所以最后向读者阐述产品，目的也在于此。

也许会有读者认为，最后一章有狗尾续貂之嫌。这里我们需要说明的是，任何体系和策略发挥效能的核心都是人。因此，无论哪种体系和策略，人都是“策略中的策略”。

时下，阅读可谓是一种非常宝贵而又稀少的习惯了。因为可以从国家相关部门制定了《阅读管理条例》中看出，阅读宝贵而稀少的原因不外乎现代社会的信息高度发达，甚至是爆炸，也许是达到信息污染的境地了。

我们善意地认为，信息不等于知识，知识也不等于价值，知识的价值在于能够转化为行动并创造价值。希望大家能够读完这本书，也更希望大家读完这本书后，能唤醒内心早已遗忘的感慨：这年头，过上好日子，读本书还是非常必要的。

目录

第一章

战略：让企业在危机中成长

第一节　需求变化带来行业拐点

受诸多因素的影响，快消品企业生存状况确实堪忧。在这种大背景下，很多企业开始阿Q式地相信快消品产业的拐点到了。而快消品企业对拐点的认知却有着两种相反的反应。一种是乐观派，认为拐点到了就意味着企业的日子好过了，一切都会好起来；另一种是悲观派，认为拐点到了意味着快消品企业大变革的时代到了，原因是基于消费变革和进口食品的井喷式增长。

这种大背景下，拐点成为当下最热门的词语。面对转型带来的拐点，大家出现了迷茫或者惶恐。原因有两个，一是很多企业不知道拐点要拐向哪里，企业的经营加入了诸多的不确定性；二是大部分企业认为拐点就是走下坡路，自己的日子会很难过。

这是对社会经济和产业发展周期缺少正确认识的表现。**企业必须明白，拐点不仅是当前要面对的，即使现在成功地突破了拐点，下一个拐点也会在不久的将来出现。**那么，企业到底该如何理性地，正确地应对不可避免的、周期性的，充满机遇和挑战的发展拐点呢？

应对拐点的简单要义就是要找到运行周期的变革路径，找到事物发展的一般规律，要把握以下两个核心的周期性节点：

一是消费和市场周期性节点。消费与市场周期性节点的一般规律是，市场和消费每2~3年就会出现一轮变化，每3~5年就会出现一个新的周期。我们回顾一下我们身边的产品，如现在我们使用的手机与3年前的手机、5年前的手机，相比如何？现在我们玩的游戏与3年前、5年前我们玩的游戏，相比如何？现在的畅销饮品与3年前、5年前畅销的饮品，相比如何？

当前，我们所面临的拐点，就是以消费需求为主导的拐点。在经济不发达的时期，消费者没有选择的权利，企业是以生产为导向，价格和数量竞争是这一时期的竞争特点。经济高度发展的今天，消费者拥有了充分的选择权利，价值和品牌竞争是该时期的竞争特点。

同时，社会经济不发达的时期，消费需求的特点是生存型消费，消费者没有选择的权利；社会经济高度发达的时期，消费需求的特点是享受型消费。前者是不得不，后者是可以不。

这种消费本质的变革，推动了产业和产品本质的变革，也就是消费和市场的周期性节点。

比如方便面产业，过去的产业和产品本质是方便，因为当时产生这个行业的本质性需求是消费者不方便。而现在是个非常方便的时代，方便不再是本质性需求，消费者对方便面的本质需求变革为健康和美味。因此，当前没有认识到产业拐点的方便面产业和企业就陷入了非常艰难的境地。我们认为，方便面企业只有认识到产业本质的变化，具备产业远见才能从根本上实现持续性地发展，否则就会被消费者抛弃。

刚参加了中国制冷老字号品牌——冰熊战略复兴研讨会。我们知道，冰熊曾经是一个叫得响的品牌，1995 年实现上市，曾经是国内制冷企业的领导者。但由于种种原因，这个曾经拥有中国制冷霸主地位的企业离开了我们的视线。

在冰熊品牌战略复兴的课题下，我们提出，冰熊战略崛起的首要任务是把握当前消费和市场的周期性节点，也就是战略性的认知当前制冷产品的消费特点，以及制冷产品的市场特点。冰熊必须明白，一是冰箱冰柜经历了“面子”时代，那个时代消费者以拥有一台冰箱、冰柜而骄傲，即使常年都不用，这件商品仍然让消费者赚足了面子。二是冰箱冰柜经历了“冷”时代，即消费者的基本需求是通过制冷实现食物的保质，食物存放不会坏。三是冰箱冰柜经历了“美”时代，随着空间成本的增加和消费需求升级，一台冰箱不仅要小巧节省空间，同时还要体现美，能够与家庭的美匹配。

而当前，一是消费者对冰箱冰柜的需求再次升级，消费者不仅要求冰箱冷、美，而且要求冰箱能够保证食物的原汁原味，营养美味是当下对冰箱的本质需求。二是制冷市场高度成熟，作为再次崛起的冰熊，不仅面临品牌复兴的前置投入，而且还面临着进入市场的高额渠道成本。这就要求冰熊必须实施市场营销创新，以中国市场消费多元化为切入口，明确自身的品牌和产品定位，抓好金字塔两头的需求，向上推动产品升级以打造品牌力，向下推动平民化消费以攫取市场份额。要做到这一点，就必须以产业挑战者的产业定位，实施技术攻关和产品创新工程。

二是产业定位和企业发展的周期性节点。任何企业的发展决策都不能脱离自身的产业定位和发展周期性节点，我们所说的实事求是、尊重客观规律也就是结合自身的产业定位和发展的周期性节点。

我们一直认为，企业成功没有模式，只有逻辑。某种意义上，**成功逻辑就是把握企业发展的周期性节点**。因为，任何一个企业从起步到走向成功，都遵循了不同发展周期阶段的基本规律和特征，而失败的企业就是背离了产业定位和企业发展的周期性节点。

比如，创业期的企业没有实现最基本的生存战略，就开始学习同行业领导企业的模式，跟随同行业企业的策略。这种东施效颦的行为不仅让企业赔了夫人又折兵，而且会让创业期的企业大伤元气。

对于创业期的企业而言，必须依据自身企业的发展周期节点，解决生存问题，找到可以复制的快速成长模式，才有可能成为黑马型的企业。否则，就会出现创业期夭折。

值得提醒的是，这里所说的生存并不是简单意义上的财务范畴，也就是做到不赔钱。因为创业期的企业有着不同的战略定位，对于挑战者的创业期，解决生存问题的基本标志是品牌和品类占位，完成了品牌和品类占位，才有资格发起挑战，而对于追随者、补缺者而言，只有有了根据地并在根据地市场实现了盈利能力，才能说是解决了生存问题。

现实中还有一个现象就是，很多企业出现了为了应对拐点，脱离自身企业发展的产业定位和周期性节点的行为，人云亦云，跟着喊狼来了。

事实上，对于绝大多数企业而言，产业拐点就意味着一种机会。产业出现拐点，意味着新的竞争规则和游戏规则的出现，之前论资排辈的产业地位和竞争格局开始动摇。尤其是当前的拐点，是消费需求主导拐点的时候，谁能够把握消费需求的本质性变革，适时地推出占领当前消费者心智的产品，谁就能够主导市场。

而在拐点期，大部分企业没有辩证地，结合自身的实际情况看待问题，总是一味强调下行，没有看到成功突破拐点的支点；没有意识到，任何一个产业的发展都有周期性，并且任何一个产业经历拐点之后都必然迎来一个爆发式的增长期，也就是通常说的螺旋式上升，逢低必定反弹冲高。

某种意义上讲，拐点就是消费与市场、产业定位和企业发展的周期性节点的累计效应，是一个量变到质变的跨越过程。也可以说，拐点就是周期性节点累积的必然结果。因此，每一个企业面对拐点、应对拐点，必须把握消费与市场的周期性节点，把握自身企业的产业定位和发展周期性节点，才能找准自身所面临的挑战与机遇，实现弯道超车、逆势而上。

第二节　营销竞争的 5 个阶段

快消品，尤其是传统食品企业，因为受限于产品附加值低、消费群体广而很难实现消费群体细分等因素，导致快消品企业的营销仍然停留在销售，甚至推销的阶段。一般表现为简单的政策性销售，即依靠促销政策实施渠道销售，与消费者沟通较少。同时人海战术也是快消品营销处于销售、推销时代的根本标志。

为什么快消品企业营销进步较慢？主要原因是快消品企业对于自身认识的固化。一是快消品企业认为自己生产的产品附加值低，无法实现品牌化发展。因为品牌化的第一步可能面临前置性的品牌塑造投入，这样一笔钱对于绝大多数快消品企业而言太冒险了，或者企业认为这么一笔投入要通过分摊费用化解，实在是太难了。二是快消品的产品消费群体比较广泛，很难锁定某一特定的消费群体。

事实并非如此。快消品类的产品，尤其是食品类产品，相比电子、化妆品等其他高附加值行业，确实附加值不高。但是品牌化并不意味着巨额的广告投入，即使意味着巨额的广告投入，这也是提高附加值的基本路径，因为品牌就意味着产品的议价能力，没有品牌就意味着没有议价能力。

同时，我们必须明白，快消品企业的竞争必然历经五个阶段，即价格竞争阶段、质量竞争阶段、规模竞争阶段、品牌竞争阶段、资本竞争阶段。

一、质量竞争与价格竞争

质量竞争是快消品企业竞争的第一个阶段，在产业起步后期，一般情况下一个新产品出现，意味着阶段性的“人无我有”优势，但是很快就会出现“你有，我有，全都有”，这个阶段行业进入起步期的高速增长。当众多的企业都开始生产同样产品的时候，价格竞争成为一种必然竞争，而这种竞争是竞争的最低层次竞争。

当绝大多数企业正沉浸在偷工减料带来利润的喜悦时，一部分具有先见之明的企业开始通过增加成本、提高质量来竞争，这个时候就会迅速淘汰一大批靠低价生存的企业，即意味着价格战结束，质量竞争开始。

值得提醒的是，质量竞争并不意味着完全拼质量。事实上，价格战贯穿整个行业发展竞争的全过程。这是大部分快消品企业最容易忽略的地方，因为绝大多数快消品企业认为，有了质量竞争或者规模竞争，甚至是品牌竞争和资本竞争，就没有了价格竞争。

事实并非如此。对于绝大多数快消品企业而言，价格竞争是营销的必要手段，但只有极少数企业会把价格竞争作为一种竞争战略，这个极少数往往是“黑马”，他们的崛起会被同行冠以“价格屠夫”的称呼。

我们的实践和研究都表明，也许价格战不是一种最好的战略选择，也许价格战被很多企业嗤之以鼻，但所有企业都必须把价格优势作为企业的战略命题，并且将价格优势贯穿企业发展的整个过程。否则，企业丧失了价格优势就丧失了可持续发展的根基。

那么，一个企业如何以价格优势作为自身的比较竞争优势并成功突围呢？

一是以规模为前提的价格战，即低成本式的价格战。企业必须明白，在自己还没有规模的时候，打价格战肯定是赔钱的，关键是通过价格战打出规模就会赚钱。打这种价格战的前提有两个，首先是产业成长足以支撑你未来的规模，或者说产业处于高速成长期的时候，你才能具备打价格战的能力；其次是你的自身资源足以支撑你打价格战。否则，实施这种方式的价格战就是一种冒险。

二是升级型产品价格战。大家普遍认为，价格战是杀敌一千，自伤八百的买卖。甚至认为价格战是赔了夫人又折兵，或者说是搬起石头砸自己的脚。

这是习惯性思维导致的习惯性错误。为什么？因为多数企业并不了解产品升级型的价格战。

以方便面产业为例，当竞争导致行业性的标杆产品利润完全缩水并赔钱的时候，惨烈的价格战仍然在进行，因为如白象、华龙，甚至新锦丰等企业仍然会以挑战者的身份看待竞争，尽管各自的利润都被各自的竞争策略完全放水了。但是，没有任何一个企业愿意轻易放弃这种竞争，因为放弃很有可能就意味着出局了。这就是大家想不明白的地方，即大家都不赚钱了，还打价格战，有意义吗？对于局中杀红眼的人来说，有意义。原因是看谁能够坚持到最后，谁就在行业中有立足之地，否则就会出局。

其实，这种竞争的局面在各个行业里都有发生。2003 年矿泉水大战的时候也是这种局面，家电大战的时候长虹曾经也推出了卖电视和卖白菜一样，电视机按斤卖。

我们应该深思的是，这种局面的结果怎么样，最后怎么收的场，谁是胜出者，怎么胜出的呢？

我们专门针对不同行业、不同企业的这种竞争局面做了持续、深入的研究，发现了两个共同的规律。

一是凡是出现这种竞争局面，都是在产业发展从成长期进入成熟期，行业没有了高速发展，行业内企业竞争格局最后一轮排序的时候发生的。我们知道，行业进入成熟期，随着竞争加剧导致利润缩水，这个时候“规模优势”开始转化为“规模包袱”，规模经济开始转化为“规模不经济”。这个时候，就会出现规模越大，亏损越多的情况。尤其是作为行业中的第 3 至第 5 名。因为老大，老二通过发展，要么具备了品牌议价能力，能卖出个好价钱；要么已经实现了发展的多元化，很多产业实现了互补，即我们说领导者的“大森林战略”已经实现。

就以康师傅而言，尽管其方便面 2013 年上半年报显示了亏损，但我们必须明白，康师傅方便面仅仅占其集团不足 15% 的营业额，这么小的比例，意味着康师傅方便面的亏损并不会直接影响到整个集团的发展。

二是打破竞争僵局且最后胜出的企业，一定是产品升级型的企业通过打压式的升级型价格战取得的胜利。关于这一点，我们知道农夫山泉在矿泉水大战时经历了惨烈的竞争，但为什么到现在仍然能够成为矿泉水的领导者呢？就是实现了产品升级，以有点甜为产品升级的战略诉求，开始了一场升级型价格战。同时，当年双汇胜出，也是因为双汇以王中王为升级产品，打败春都成为行业的领导者。因为在当年，普通火腿肠几乎是淀粉加香精的产物，而双汇以王中王为升级型产品，利用升级产品提高产品毛利，借助升级型的高毛利产品发起总攻，不仅打败对手，而且还为自己的持续发展奠定了基础。

继续回到方便面产业的话题上来。方便面行业目前属于成熟期，产业规模不会再有快速增长，甚至产业规模增长靠的不是包数，而是单包价格。严格意义上说，方便面的销售包数是在下滑。

目前，作为领导者的康师傅、华龙、统一、白象，仍然在实施放血性的价格竞争，作为挑战者的斯美特、新锦丰等企业，也是面临进退两难的境地——参与竞争，自身的产业地位和市场能力还不足以支撑，不参与，行业大哥们的鏖战让自己无所适从，并且备受战火煎熬，日子也非常难过。

我们可以肯定地说，未来很短的时间内，总有一家企业会战略觉醒，会明白升级型价格战的原理，结合行业当前的现状，产品升级型的价格战也就是方便面产业的清理门户战争。

我们说价格战是搬起石头砸自己的脚，或者杀敌一千，自伤八百。这种情况指的是纯粹的、傻瓜式的价格战，为了价格战而价格战。

二、规模竞争

规模是快消品企业无法回避的课题。因为规模不仅意味着成本和规模效益，还意味着企业的社会能力。对于中国的企业而言，社会能力即资源，没有社会能力很难有资源能力。中小企业融资难的问题是一个永久性命题，也许新三板会带来一些转机，但对于大部分企业而言，这种转机并不意味着融资的机会，尤其是快消品企业，很难吸引资本进入，因为资本逐利的天性是不会改变的。

规模竞争是快消品企业取胜的法宝。也许对于一部分缺少自我蜕变和自我突破能力的企业而言，规模可能会成为包袱，但对于绝大多数快消品企业而言，没有规模才会有永远卸不掉的包袱。因为没有规模就不可能成为领导者，不能成为领袖，没有规模意味着只能成为袖珍型企业。

三、品牌竞争

品牌竞争不仅是快消品企业的高级别竞争，而是所有行业企业的终极竞争。我们应该明白，互联网改变世界。互联网的到来，让消费者聪明起来，而消费者的聪明就打破了信息不对称的大环境。我们经常说，过去30年的市场营销是建立在信息不对称的基础上的，因此，中国商业规则是："南京到北京，买方没有卖方精明"。现在肯定不是了，"城乡一体化"到来了，城乡一体化绝对不仅仅意味着农民也住上了高楼大厦，而是意味着信息一体化——因为有线、网络等媒体也完成了城乡一体化。农村市场的品牌观念也开始崛起，过去靠模仿生存的游击战企业很快就会消失。相信有人还记得，在农村市场购物，买双汇火腿肠曾经没有仔细看，就会买走"双江"火腿肠；买康师傅方便就会一不留神买走"康帅府"方便面；更不用说，娃哈哈和哇哈哈，王老吉和王老古了。

未来，品牌不仅意味着溢价能力，更意味着消费忠诚度。没有品牌的确很难生存，这也是快消品企业不得不面对的课题。当然，对于不同的企业而言，领导者可能会成为行业的代名词，但区域性企业会成为区域名牌、本地特产。可以肯定地说，没有品牌就意味着丧失了市场能力。

四、资本竞争

资本竞争是任何一个行业的终极竞争。资本竞争意味着一个产业集中度竞争的开始。我们知道，20世纪90年代末，中国有2000多家方便面企业，而到了现在，方便面企业的数量应该不会超过200家，而前五名的企业占据整个行业规模的90%以上。同样在20世纪90年代末，中国有近3000家啤酒企业，而现在全国啤酒企业应该不会超过100家，行业前五名的企业占据了整个行业80%以上的市场份额。不仅是上述两个行业，大家回顾一下，我们的乳制品行业、冷饮行业、家电行业、服装行业……是否也是如此呢？

这就是行业的最后一公里。对于绝大多数产业的企业而言，经过产业集中度的惨烈竞争之后，剩下的只有两类企业，一类是领袖型企业，一类是袖珍型企业。

为什么会是这样呢？企业如何面对产业集中度竞争，又该如何规划自己的终极未来呢？

第三节　解决生存危机，不能只靠涨价

由于经济增长的主要动力是靠投资拉动，基础设施以及地产成为经济增长的主要来源。这种大背景下，出现金融及资本型企业居上，实体经济偏安一隅的现象。以快消品行业中的食品企业为例，食品企业大多为传统产业，产品附加值低导致企业投资回报率较低，加之食品企业关系国计民生，又在“菜贵伤民，菜贱伤农”的悖论下，食品企业不仅受到了经济增长方式的制约，同时也承担了通胀的巨大压力。一边食品企业承受着材料、人工、能源、税收等方面成本快速上涨的压力，另一边又关系国计民生，食品企业的产品价格不能够按照市场化原则实施定价。

这种困境下，绝大多数食品企业面对成本上涨及通胀的压力，经营环境和经营要素都具有不确定性。为了生存，食品企业慌不择路，普遍采取了简单涨价的本末倒置的应对方式，这种应对方式不仅没有从根本上解决食品企业生存危机，反而使企业陷入泥潭，因为产品涨价难以消

化企业整体经营链条中经营要素全面上涨的压力。

同时，这种非市场化的大背景下，诸多企业为了获得生存机会，除了对自身产品采取变相提价外，部分企业不顾产品质量安全，冒险采购劣质低价的原辅材料，引发了很多食品安全问题。

简单的涨价，或者是以涨价为目的方法，甚至说为了涨价而涨价，能否解决食品企业生存危机？可以肯定地说，即便是涨价能解决食品企业的生存危机，也只能是解决部分，绝对不是出路。

涨价只能是食品企业应对生存危机的一种表现形式，或者说是一种手段，其涨价的背后必须有系统的运营体系作支撑。因此，我们有必要深究涨价背后靠什么来支撑，因为绝大多数食品企业认为涨价、现有产品简单地加价，是解决生存危机的最直接方式。这种傻瓜都能想到的策略，当大家都用时，即使不考虑国家的宏观调控因素，也绝不是所有企业解决生存危机的根本手段。

姑且不说食品企业涨价面临国家宏观调控的限制，我们大胆做一个假设，当涨价成为食品企业普遍采用的手段时，是不是可以作为解决食品企业生存危机的唯一出路？

《世说新语》中有一则这样的故事，说一群人行走在炎热酷暑中，口渴难耐又没有水喝，当他们正陷入困境时，突然发现路边有一片李子树并且上面挂满了李子。于是他们大喜，奔向李子树去摘李子解渴，其中只有一个人没有过去，站在路边看那些奔向李子树采摘李子吃的人。其他人好生奇怪，觉得站在路边的这个人有些傻。一会工夫只见那些采摘李子吃的人哭丧着脸回来了，为什么？因为李子树上的李子苦似黄连，根本没法吃。这时候采摘李子吃的人，就问站在路边不动的人为什么不采摘李子吃。这个人回答说，如果路边的李子能吃解渴，这里的李子早被过路的人采摘完了，怎么会轮到我们吃呢，之所以上面挂满了李子，就说明这里的李子不能吃。

我想这个故事对寄希望于通过涨价解决生存危机的食品企业会有一定的启示，即使涨价可以解决食品企业的生存危机，也只能是解决部分企业的问题，而并非是解决危机的根本办法，认为简单的涨价就能解决生存危机，未免有些太天真了。

首先是企业“小步快跑”的涨价策略失灵，陷入为了涨价而涨价的困境。

近几年，随着整体物价水平上涨，企业经营成本全面提高，涨价成为一种风潮，甚至涨价不需要理由，涨价成为食品企业挂在嘴边的口头禅。

表面上看，确实存在水涨船高的现象，企业经营成本整体提高，涨价也成为理所当然。但是我们不难发现，为什么频繁涨价却让诸多食品企业还是难以为继，还是水深火热?

问题的根源就是简单的涨价思维产生了为了涨价而涨价的行为。这种行为表现为涨价策略确立为“小步快跑”，利用“小步快跑”和整体物价上涨的幅度赛跑，企业每次涨价只能勉强顾着成本，借用网络流行语的话说，“涨潮时看不到差别，因为都在水中，退潮了才知道谁在裸泳”。每一次涨价之后解决了眼下的生存危机，当又一轮物价上涨时，企业又站在了水中，这种情形就像站在海边观潮，当涨潮时，我们向后边退一步，而海水涨潮的速度是两步，我们还是站在海水中。

这就是食品企业自 2008 年以来始终面临生存危机的根源。因为简单的涨价，小步快跑的涨价策略难以从根本上解决企业整体经营成本的上涨。

最近，笔者和一个在方便面企业干了 8 年的营销副总谈话，这位营销副总疲惫不堪地说，这些年他的营销主体就是产品涨价应对行业危机，可以说，涨价的招式用尽了，比如从最初的减量式涨价，到过程中的换汤不换药式的涨价、产品升级式涨价、产品结构调整式涨价、渠道模式变换式涨价、再到最后的野蛮式涨价，就是干脆不采取任何策略的直接加价。

这些方法用尽了，两年多来，企业的盈利水平一直在锐减，因为最初是主要原材料涨价，后来是原材料全面涨价，再后来是整体经营成本全面上涨，企业小步快跑的涨价策略一直在尾追整体物价上涨水平，而每次产品涨价的幅度都远远低于行业原材料上涨的水平，最初以为原材料涨价只是阶段性的、周期性的，觉得涨后一定会回落，而后发现整体物价水平上涨呈现阶梯性，每次上涨三个台阶但回落一个台阶后又继续上涨三个台阶，而企业的产品价格总是在每次物价水平上涨时上涨一个到两个台阶，一路过来，企业的利润被消耗殆尽，直至目前将要进入经营崩溃的边缘。

其次是简单涨价的风险转嫁给市场，市场被动接受企业涨价后依然面临困境。

笔者在拜访食品类经销商时，看到了另一番景象。一个经营副食多年的老经销商向笔者诉苦说，现在副食行业的生意真是没法做了，企业总是不停地涨价，尽管每次的幅度并不是太大，但总是吃掉自己的利润，跟不上企业的步伐就会陷入市场运作的困境，但企业小步快跑的涨价方式也总是让经销商陷入被动的困境，经销商也总是有一种被捉弄的感觉，久而久之，经销商就开始原价进原价出，没有利润就拼命和企业折腾着要政策。

在经销商看来，企业简单的涨价就是风险转移，就是不顾市场死活。也许在企业看来，经销商的话只是一面之词，但我们不妨思考一下，我们经常把厂商双赢挂在嘴边，我们甚至也可以说，企业涨价实属无奈之举。但我们单方面的涨价，在涨价策略上没有全面考虑整个经营链条的互动，简单粗暴地加价式涨价，让经销商被动接受企业的指令性涨价，不能不说是企业涨价的败笔。

涨价是必然的，涨价是无奈的，但我们的企业绝对不能以此为挡箭牌，也许涨价有理，也许涨价不需要理由，但企业必须全面考虑涨价的策略，与市场形成共振效应。一方面不能认为解决自身的生存危机就是简单的涨价，涨价是一个系统的运营体系调整，涨价也许要系统的策略调整作支撑；另一方面涨价仅仅是手段而并非目的，企业价格调整的背后必须有企业的行业远见和行业创新作支撑，没有行业远见和行业创新行为，什么样的涨价方式都会让企业陷入整体经营被动的局面。

最后，涨价绝不是所有食品企业解决生存危机的唯一出路，尽管危机的解决表面看来是通过产品价格调整来实现的，但食品企业成功解决生存危机，或者说成功涨价的背后是企业整体经营战略，营销战略再造的结果。

纵观近几年食品企业涨价的背后，几乎没有任何战略和策略体系的支撑，更谈不上行业远见和行业创新，仅仅把涨价作为一种直接解决企业生存危机的目的。

从行业竞争格局的角度看，行业的领导者拥有品牌溢价能力，甚至拥有市场的绝对话语权，在涨价方面采取了直接加价的方式，尽管遭到了众多的非议和宏观调控方面的压力，结果还是涨上去了，对于他们而言也许是可行的。而行业内的挑战者、跟随着、补缺者也采取了这种方式，结局是什么呢？好吃难咽。

为什么很多企业涨价后不仅没有解决生存危机，反而出现市场萎缩、销量下滑、导致企业的资金链条崩溃，从而使企业陷入更大的经营危机？

因为非行业领导者涨价的策略必须结合自身的实际情况寻求解决生存危机的路径。跟随、甚至是套用其他企业的路径，只会让自己陷入更被动的境地。

对于绝大多数食品企业而言，面对行业性生存危机，必须找准自身的定位，从行业远见和行业创新的角度寻求解决问题的出路，而非盲从。

毋庸置疑，涨价对于绝大多数企业而言，只能是一时一事的，而并非长远之计，同时无论是变相温柔式涨价还是简单的加价式涨价，对于绝大多数企业而言都只能是一种手段，一种战略意图的表现形式，而非解决生存危机的全部。即使我们看到了同行业企业通过这种方式解决了生存危机，我们也必须明白，我们看到的只是表现形式，而不是本质的战略意图。

值得提醒的是，解决企业的生存危机，绝不会一涨了之。某种意义上，涨价仅仅是企业的“术”，支撑企业价格调整或者涨价背后必须有“道”作支撑，无道之术只能是一招一式，有道之术才是系统变革。因此，企业必须是从战略的角度，完成战略体系蜕变才有最终的出路。

第四节　食品企业如何抗通胀

食品企业抗通胀仅靠简单的价格策略是难以从根本上解决经营危机的，必须从战略、品牌、产品、市场和营销体系方面，完成系统的战略蜕变。

一、战略蜕变，立足产业远见和产业创新实施战略再造

战略对于绝大多数食品企业而言，略显苍白和空洞，我们也很清楚这是绝大多数企业所不愿意听的，因为战略对于他们而言，实在是太遥远了。

但我们认为，从根本上解决通胀下食品企业的经营危机，还必须从战略谈起，尽管大多数企业希望看到所谓更务实、更有效的“一招鲜”，我们也可以更负责任地告诉处于水火之中的食品企业，“一招鲜”的时代已经过去，伟大的创意和点子时代也已经结束，所有“术”的背后都必须有“道”作支撑，而“道”就是决定企业前途和命运的战略，没有战略就没有明天。

毋庸置疑，持续的通胀已经改变了食品产业的基本经营环境，食品企业的经营要素处于一种不确定的环境之中，过去的企业经营相对稳

定，企业经营要素处在微变状态，而今企业的经营要素和市场环境是处于巨变之中的。企业运营过程中，很多经营要素和市场环境是不确定的，而应对诸多不确定的根本手段就是战略思维，没有战略思维企业只能是对经营一时一事的判断。

在相对稳定的经营要素和市场环境下，企业不需要太多关注外部因素，经营导向是内部运营体系，只要做好内部运营体系管理就行了，而通胀导致了企业外部经营环境处于不确定的状态之下，企业的经营战略必须从内部转向外部，实施外部经营环境战略思维。因此，企业在通胀环境下，不仅要低头拉车，更需要抬头看路。

通胀下，食品企业如何实现战略蜕变呢？

首先是战略思维的转变，即战略导向从内部导向转向外部导向。在相对稳定的经营环境下，大多数企业形成了内部经营导向的战略思维，觉得做好自己的事就够了，不用关心经济走势和产业环境。企业的运营体系处于封闭的状态，外部环境本身对企业的运营也没有太大的影响。

通胀环境下，企业的经营要素和运营体系受到外部环境的巨大冲击，各种不确定因素使得企业手忙脚乱，更不用说市场经济发展所带来的新政策和新法规了。因此建立外向型的战略思维是食品企业应对通胀和持续发展的必然。

其次是树立行业远见和行业创新的战略思维。通胀的环境下，任何一个企业的发展都必须在预测经济大环境的前提下，预测行业发展的基本态势和走向。同时通过行业的发展态势和走向，重新思考自身企业的行业地位、行业机会，依托行业确立自身发展的定位。

同时，从行业远见和行业创新的角度思考自身企业的机会，这是通胀环境下，食品企业转危为机的基本战略思维模式。因为行业性危机对于有的企业而言是一种威胁或危机，而对于另一部分企业来说则可能是机会。

最后是从产业远见和产业创新的高度，结合自身企业的现状和资源能力，重新定位和选择自身的战略目标。当整体经营和市场环境相对稳定的情况下，行业的竞争格局、发展态势是稳定的，行业内企业的发展是梯队式的。当整体经营和市场环境处于不确定的变化之中时，行业的发展也处于不稳定状态，行业整合往往就是在行业发展不稳定时开始的，这个时候行业内企业的梯队很容易被打破，因为行业的黑马就是在这个时候出现的。

某种意义上，当行业发展遭遇经济运营变革和转型的时候，除了领导者之外，任何一个企业都可能变成挑战者，并且在对手没有还手之力时挑战，也是极容易成功的。

二、品牌蜕变，从原有单一的品牌塑造蜕变为品类再造

如果说谈战略会让企业感到索然无味，那么谈品牌就更让我们的企业难以忍受了，因为品牌如同战略一样会让大部分企业觉得空洞，甚至遥远。但我们也直言不讳地讲，品牌和战略的空洞论、无用论，是我们大多数企业的通病，也是制约大多数企业可持续发展的根本因素。因为任何一个优秀企业的崛起都是战略和品牌直接作用的结果，任何一个明星企业陨落也都是战略和品牌坍塌的后果。

大多数食品企业会认为，品牌是大企业的事，是有钱人的事，作为中小企业而言，谈品牌是一件很不现实的事。我们认为，暂且不论这些企业对品牌认识的片面性，单指该想法而言，就是一种典型的弱势思维。

众所周知，绝大多数食品企业都是深加工或者粗加工型企业，这种生产加工过程的产品增值能力很弱，如果没有品牌的溢价能力，食品企业只能是低附加值的产品经营者。而任何一个行业的发展趋势都是产业集中度逐步提高，这一过程就是产业整合走向垄断的过程，而任何一个产业的发展整合都必须历经品质整合、规模整合、品牌整合三个阶段，行业中最后存活下来的企业都是品牌的拥有者。

毋庸置疑，通胀也是行业整合洗牌的直接原动力，加快了行业整合

的步伐。在通胀和行业整合的双重压力下，食品企业如何完成品牌战略蜕变？

现实中，从品牌塑造的角度剖析我们的食品企业，**一类是品牌激进者，**这些企业对品牌没有更理性的认识，凭着热情塑造品牌，认为品牌就是广告，不惜投入重金热捧品牌，寄希望于自己一夜之间成为所期望的品牌企业；**一类是品牌保守者，**这些企业认为品牌和自己没有关系，也从来不奢望成为品牌企业，只是觉得卖产品赚钱就行。

我们认为，面对通胀和产品整合的双重压力，企业必须完成品牌战略蜕变，即从单纯的品牌塑造转向依托品类塑造品牌。

为什么要依托品类重新实施品牌蜕变呢？

首先，品牌的塑造不仅需要投入，更需要的是时间。在通胀和行业整合的双重压力之下，经营环境和市场环境处于不稳定状态，各种经营成本的上升不仅消耗了企业现实的盈利水平，更可怕的是持续的通胀也消耗掉了企业未来的盈利能力。基于此，企业的经营必须以可持续发展为导向，着力打造企业的盈利能力。

要想保住企业的现实盈利水平和持续盈利能力，企业就必须在一定时期内追求即期的经营投入和产出。我们明白品牌打造的投入和产出具有一定的滞后性，即当期的投入和当期的产出不成比例。在通胀的压力之下，怎么才能做到长期品牌塑造投入和短期经营收益相匹配呢？

我们认为，企业必须调整既有的品牌战略，完成品牌战略体系蜕变，即通过品类塑造品牌。

所谓品类就是能够代表一个行业内一个类别的产品。也可以说，品类就是给消费者一个购买自己的产品理由。

通胀下，食品企业依托品类塑造品牌，就是将品类作为企业的品牌载体，让品类成为自身品牌的形象代言人。如王老吉，立足于凉茶这个品类产品，让凉茶这个品类成了品牌王老吉的代言人。又如河北养元集团的“六个核桃”，依托核桃类植物蛋白饮料的品类，战略上与承德杏仁类植物蛋白饮料来形成品类区隔，迅速成了品类的领军品牌，实现了快速崛起，成为中国继王老吉之后饮料企业的又一匹领军黑马。

其次，持续的通胀压力会导致行业性的产品基准调整和产品转换。在行业性产品转换的大军下，谁能先实现突出重围呢？因绝大多数食品企业不具备用资源能力实现这一突围的能力，而品类占位的突围会成为绝大多数食品企业的出路。

因为通胀的因素，企业为了能够解决自身的经营危机，主观上会放弃现有产品的市场运作，以产品升级为目标重新定位产品基准。可以肯定地说，产品基准提升型的升级会是产品升级的主要手段。

何谓产品基准？产品基准就是一个行业内行业性通用产品和价格之间的基本比例标准。如方便面企业的产品基准，100～110 克之间的三料包镀铝膜产品，在 2004 年价格是 0.7－0.8 元/包，而 2008 年同样产品的价格就是 1 元/包，2010 年的价格是 1.2－1.5 元/包。

可以预见，未来一定时期内，大部分企业会根据整体成本水平，重新确定产品基准，也就是通过调整产品基准完成经营体系的调整以确保企业的经营收益。

也就是说，在行业性产品转换的大背景下，大多数企业会采取新瓶老酒式的产品转换，仅仅是换换包装重新定价而已　这种掩耳盗铃式的产品转换最终还是要被市场边缘化。真正能够完成产品成功转换的企业，就是依托产品基准调整实施品类打造的企业。

三、产品蜕变，依托主导产品打造声誉产品

通胀下，出现行业性的整体产品转换也是个不争的事实，究竟我们的企业该如何实施这一轮产品转换呢？

我们认为，企业只有实施产品战略蜕变，依托主导产品实施声誉产品打造，才能确保产品转换成功。

所谓声誉产品就是在企业占有份额最大且能够持续为企业创造利润，又能为企业的整体带来声誉的产品。

大部分企业都有主导产品，这些产品不仅为企业赢得了销量，还为企业获取了市场份额和市场地位。但主导产品只能是一支或者几支单个的产品，这些产品尽管是企业的支柱产品，但这些产品处于相对独立的运行状态，无法和企业的整体产品体系建立必然的联系，无法从根本上协助其他产品成长、成功。也就是说，主导产品无法推动企业的整体产品发展和提升。

并且，近期我们通过研究众多企业发现，企业有一个非常可怕的倾向。在通胀压力下，大部分企业没有保护主导产品和继续推动主导产品提升的意识。这就是很多企业出现一定时期内主导产品成长企业成长，主导产品下滑企业下滑的主要原因，因为企业没有明白只有将主导产品打造成为声誉产品，才能打造出成功的整体产品体系。

因此，对于绝大多数企业来说，依托主导产品，将主导产品培育为声誉产品才能从根本上解决企业的可持续发展问题。只有声誉产品成功，企业的产品才会出现“一人得道仙及鸡犬”的产品效应。

第五节　食品企业如何重塑渠道

全球一体化致使国内企业的经营环境发生了深刻的变化，企业经营的不确定因素迅速增加，企业经营的各种要素都处在不停的变化之中，通胀的压力之下，企业的整体运营成本，尤其是营销费用大幅攀升。作为中小食品企业更是被品牌溢价能力和规模效益等自身的短板所制约，如何向渠道要利润成为中小食品企业的重要命题。

中小食品企业向渠道要利润，首先要明白自身的弱势。大部分中小食品企业都面临着品牌的弱势，没有品牌力的情况下，自身的产品大都定位于中低端，市场也大都是以农村的流通市场为主。近几年，随着市场的变化，商超终端迅速崛起，基于市场的发展和企业自身产品升级的需要，中小食品企业也开始进攻商超终端渠道。

根据我们大量的调查分析发现，大部分中小食品企业将传统渠道转换为现代商超卖场渠道之后，一部分企业尽管产品价格也提升了，产品上档次了，甚至销量也上去了，但结果却是多卖没多赚，丰产不丰收；而另外一部分企业就更“惨”，自从将主渠道从传统的流通渠道转换为现代的商超卖场渠道之后，由于品牌知名度低等诸多因素，中小食品企业的产品不能成为消费者的首选，销量上不来加上商超渠道的各种费用支出，这一类企业根本就没有见过“回头钱”。

面对如此的困境，笔者也曾经听过不少中小食品企业的感言，就是不做商超等死，做商超找死。毋庸置疑，渠道是企业经营利润的出水口，企业只有在渠道环节经营找利润，才能实现根本的盈利。面对新的市场环境，中小食品企业如何走出渠道困境，向渠道要利润。根据我们对中小食品企业的服务实践，提出以下解决方案：

中小食品企业要结合自身企业的实际情况，找准自身的渠道定位，确立主渠道战略，不要分散自身的渠道到处撒胡椒面，更不要盲目跟风，将自己的主渠道定位于商超卖场等现代渠道。

雕牌洗衣粉早期的成功应该会让中小食品企业受到很大启示，雕牌洗衣粉是中国洗化领域的后起之秀，并在激烈的竞争中迅速实现突围而崛起。雕牌洗衣粉崛起的重要原因就是主渠道定位差异化，我们业界都很清楚，雕牌洗衣粉就是菜市场卖出来的名牌。因为当时雕牌起家时的市场情况是，洗化行业的领头企业主渠道是商超卖场渠道，他们不仅有品牌优势，同时已经建立了渠道基础，如果雕牌也将自己的渠道定位于商超卖场渠道，跟风的定位策略，不仅会让雕牌付出更大的渠道成本，而且和众多的品牌企业的产品摆在一个排面上，消费者的选择就会倾向于品牌企业，这样对于雕牌而言，即使付出了很大的渠道成本，恐怕也会面临商超卖场销售排名后三名的下柜威胁。

现实中，很多中小食品企业没有认清自身的实际情况，没有找到自身的渠道优势，总是喜欢盲目跟风，跟随行业品牌企业的渠道定位，甚至是渠道模式。

“好媳妇”是我们服务的一家中小速冻食品企业，我们服务之初，就清楚地知道速冻行业的产业集中度非常高，行业竞争激烈，行业毛利水平近几年大量缩水，且速冻食品的主渠道为商超卖场，仅行业巨头思念、三全就在商超卖场渠道中打得不可开交。我们服务的“好媳妇”企业，当时是一家为速冻行业领头企业做代加工的企业，没有自己的品牌，且因为那家领头企业停止了订单而全面停产，面临的境况几乎是快揭不开锅了。

根据行业的现状和企业的实际情况，我们采取了渠道差异化的营销操作模式，就是避开行业的传统商超卖场渠道，将企业的市场主渠道定位于“特通渠道”。所谓特通渠道就是以社区家庭直销、社区便民超市、学校、工厂企业等为主的终端渠道模式。通过这种渠道定位，我们调整了传统的产品包装形式，一是针对家庭推出了温馨 3 口之家装、欢乐 5 口之家装、激情聚会超大装；二是针对学校、工厂、网吧、娱乐场所等人口集中的超大直销装。

渠道定位避开了商超卖场，我们把节省的渠道费用转化为特通渠道的直分销模式，增加了大量的地面推广人员，针对性开展特定渠道推广，经过一对一的消费沟通和试吃，不仅避开了品牌竞争的劣势，还为企业找到了行业的渠道蓝海。企业的市场局面很快就打开了，并且在强势竞争对手的夹缝中建立了自己的渠道根据地，找到了自己的生存模式，企业的盈利水平高于行业的领军企业。

转换渠道定位的中小食品企业，在转换渠道之前首先要完成产品策略的调整。

现实中，很多中小食品企业总是拿着现有的产品转换渠道，从传统的流通渠道转入渠道成本较高的现代商超卖场渠道，导致企业的营销成本急剧上升，情况好的是多卖不多赚，情况差的是血本无归，让企业陷入经营困境。

以方便面行业为例，方便面行业是一个微利的行业，且行业竞争惨烈。近几年，行业材料的市场价格飞涨，企业的采购成本急剧上升，方便面行业的大部分企业经营艰难，尽管行业性的涨价每年都有好几次，但大部分企业还是在亏损之中。

一家方便面行业的三线企业，属于中小食品企业，近几年也始终不断地推动产品升级，产品自身的盈利能力也不断在提高，但近几年将自己的主渠道从传统的流通渠道转化为现代商超卖场渠道，并以此为战略全面进攻现代渠道。这种模式转换后，短期内企业还为产品结构提升、销量突破取得的业绩欢欣鼓舞，但半年下来，企业再也没有笑脸了，因为在商超卖场渠道运营过程中，企业支付的渠道费用占销售收入的37%，比原来的传统流通渠道高50%多。并且企业还发现一个规律，非品牌企业在卖场中一方面是没有任何主动权，必须接受商超卖场的霸王合同，另一方面是对消费者的促销活动不能停，促销一停下来产品就卖不出去。

面对如此境况，企业一筹莫展。我们经过调研分析后，为这家企业提出了解决问题的方案，一是明确渠道定位策略，作为方便面的三线品牌，主渠道仍然以传统渠道为主，商超卖场等现代渠道为辅，不可盲目跟风，随意转换渠道定位模式；二是商超渠道定位为辅助渠道，主要是塑造品牌和形象展示，企业必须做到渠道策略和产品策略的匹配，让企业为商超卖场渠道推出渠道专供产品，在定价上采取高举高打的基本定价策略。经过调整，企业很快扭转了整体市场的局面，取得了意想不到的效果。

对于大部分中小食品企业而言，面对市场环境的变化，尤其是现代渠道的崛起，确实是进退两难，不知道何去何从。固守传统流通渠道面临产品升级的压力，同时传统流通渠道逐步在被逼边缘化，进攻商超卖场现代渠道又面临费用不支撑的困境。

我们建议，**部分中小食品企业可以根据自身企业所在的细分行业不同，确立自身的渠道模式**。如传统食品行业中调味品行业的中小企业，可以实施双渠道模式，这种模式需要企业对自身的产品策略实施调整，同时最好使用双品牌策略。中小食品企业起步时，大都是基于传统流通渠道，即使有商超卖场渠道也是立足于现有产品逐步拓展的，因为这种拓展属于企业原有渠道的补充渠道，企业的主渠道并没有发生本质性的变化，如果利用现有的产品体系运作现代渠道，很难支撑持续运作。因此，企业如果考虑渠道拓宽，延展自身的渠道以提高市场份额，又想从渠道中得到利润，就必须整体调整自身的产品策略，实施分渠道定制产品的基本营销策略。

值得提醒的是，中小食品企业无论实施什么样的渠道策略，只要想从渠道要利润，就必须确立自身的主渠道战略。同时根据渠道战略确定与渠道相匹配的产品策略，因为渠道的不同就是消费群体的覆盖不同。从这个角度讲，我们也应该调整与渠道相对应的产品。

从竞争的角度看，我们的中小食品企业更应该注重市场研究，注意新市场环境下，渠道多元化是市场发展的必然趋势。我们不能固化对渠道的认识，坚信只要有人的地方就有可能存在渠道。

因此，要想向渠道要利润，我们的中小食品企业必须走出以下误区：一是固化对市场的认识，忽略了自身品牌、规模的劣势。没有找到自身的相对核心优势，更不注重自身优势的培养与塑造，也缺少对市场变化中自身机会的捕捉。二是在渠道定位上，没有渠道策略，忽略核心渠道的打造，单纯跟进行业领军企业，在渠道竞争中把企业的渠道利润“放血”。三是渠道策略与产品策略不匹配，单纯强调渠道策略转化而忽视了产品策略的跟进，产品是渠道利润的源泉，不同的渠道必须配置不同的产品资源。

第六节　如何进行品类创新

据最新资料显示，尽管企业采取了苦练内功降成本，收缩战线降投入等方法，2013 年大部分食品企业的经营状况仍然堪忧，处于经营亏损的边缘。但由于食品关乎国计民生，在国家宏观调控的背景下，“谈话”让行业涨价的号角声逐渐消失。

诸多的食品企业，面对一边是“谈话”，一边是经营维艰。究竟该何去何从？

一、方便面行业危机的背后

方便面为什么会出现行业性的经营危机？我们认为，其中原因固然有通胀的因素，但全部归结于通胀也是欠妥的，因为通胀不单单是方便面行业所面临的，而是所有行业都面临的共同问题，为什么会是方便面行业出现了行业性的经营危机？如果说行业中中小企业出现经营危机可以归结为没有品牌议价能力、没有规模优势、没有市场话语权。为什么数亿、甚至几十个亿规模的食品企业也会出现亏损呢？

毋庸置疑，行业性经营危机出现，除了找客观原因之外，还必须从行业和企业本身找原因。我们认为，之所以方便面行业出现行业性的经营危机，除了通胀因素之外，主要是食品企业本身的行业创新和行业远见不足，产业内的企业一直是基于竞争导向，而非战略导向。正是因为竞争导向，方便面行业企业纷争一直不断，企业之间的恶性竞争愈演愈烈；也正是因为非战略导向，食品企业忽视了顾客价值导向，忽视了为顾客提供增值产品。

回顾这 5 年来的方便面行业和企业的表现，我们不难发现，由于行业领导者缺少行业创新和行业远见，导致企业产品同质化严重，企业间基于市场份额和企业行业地位进行竞争，市场竞争的主要表现就是恶性价格竞争而非顾客价值提升。

食品企业要想走出经营危机，甚至摆脱行业性的经营危机，只有建立以顾客价值为核心的企业经营战略，通过产品的品类创新，摆脱行业发展最原始的价格战、规模战。

二、食品企业如何实现品类创新

何谓品类？我们在百度上输入“何谓品类”，得到了几十万个搜索结果，意味着什么，不言而喻。我们认为，越简单的东西越本质，越本质的东西越简单。从营销的角度，品类就是通过产品差异化定位和差异化诉求，给消费者一个购买本品的理由，或者说是给本品一个卖给消费者的理由。简而言之，就是消费者凭什么掏钱买你的产品而不买其他的产品。

可以说，品类创新就是给消费者找到一个新的购买理由。品类创新是企业综合能力的体现，企业只有通过全方位地挖掘和资源整合，从设备、原材料、消费群细分、地方名吃等战略高度思考，才能实现企业的品类创新。

首先是从设备研发的角度实现品类创新。

设备能力是一切产品突破的基本能力，设备突破是工业企业，尤其是食品企业实现“黑马”战略的主要策略之一。因为设备不仅关系到产品质量和成本，设备更是企业品类创新和品类研发的基石。

通过设备创新实现品类创新的例子，在方便面行业已经是屡见不鲜了，如通过油炸盒创新实现产品从方面块到圆面块的思圆方便面，这种面块的改变适合于消费者泡面的工具，让消费者不用再费劲掰开面块泡面。这种让方便面更方便的面块创新，使得斯美特方便面在一定的时期内，提高了公司的行业竞争力。再如华丰方便面的“掌上脆”。华丰在推出掌上脆之前，企业的整体市场一直处于下滑状态，该企业就是通过对油炸盒改造，把油炸盒变窄变长，生产出又窄又长的干吃面，美其名曰“掌上脆”，结果，市场销量如日中天。又如国华公司生产的河南烩面，通过行业第一宽面刀，从产品的实质上解决了河南烩面产品的形似。河南烩面产品成为当前方便面行业最具市场竞争力的产品之一，企业也因此取得经营上的突飞猛进。

其次是从原材料研发的角度实现品类创新。

原材料是产品的核心，是产品的灵魂。俗话说，巧妇难为无米之炊，可以说，通过原材料实现品类创新是产品创新的根本，因为原材料创新是顾客价值提升的根本手段。

那么，食品企业如何通过原材料实现品类创新呢？

一是原材料的专业知识提炼，即概念性产品创新。如今麦郎方便面的“麦芯粉”。尽管消费者不是很清楚麦芯粉具体是怎么回事，但是通过企业传播麦芯粉这一概念，在心智中形成了好面粉的基本认知。同时企业以“弹、爽、滑”为诉求点，强化了消费者的认知和记忆，当时今麦郎产品的市场突破，不能忽视了麦芯粉的功劳。

二是原材料的原产地概念。原产地概念是占领消费者心智的主要手段之一。因为原产地一直是消费者选择产品的主要理由，原产地本身就会有很强的消费认知和购买拉力，因为在消费者心智之中，原产地就是第一，就是无可替代、无法复制。如统一的老坛酸菜方便面，通过对四川老坛酸菜的原产地概念融合，以正宗的老坛酸菜面为消费诉求，塑造中国最正宗、最地道的老坛酸菜面形象，同时配以让人垂涎欲滴的产品诉求推广。统一老坛酸菜面取得不菲的业绩，也是情理之中的事。又如斯美特的思圆“魔鬼辣面”。一个“辣”字，附加辣椒原产地概念，加上对“辣形象”的推广，区隔了同类产品的“辣”元素，形成了消费者独特的认知和记忆，从传统口感上获取差异化的诉求，着实吸引了爱辣一族。

三是新技术、新工艺下的原材料。众所周知，方便面粉包和菜包中的蔬菜均为烘干蔬菜，由于烘干蔬菜颜色不鲜量，易损。方便面的蔬菜包基本上是蔬菜沫包，这就从直观上减少了消费者的食欲。

现在，有一种低温干燥的蔬菜处理技术，通过冻干技术不仅保持了蔬菜的颜色鲜亮，而且还可以保持泡后菜叶完整。这种菜包和方便面面块一起泡后，不仅直观上直接区隔了现在的方便面产品，而且还给消费者以营养、天然的想象空间。

当然，很多企业会认为这种蔬菜价格比较昂贵，成本难以承受。我们认为，这是企业忽视顾客价值的思维，只要能够形成品类，消费者就有购买的理由。

第三是从消费群细分的角度实现品类创新。

随着市场竞争程度的加剧，复合型产品，或者说万金油类的产品基本全部退出了市场，被取而代之的是以消费群为导向的细分产品。因为行业竞争必然导致企业的产品功能逐步单一化，每一个产品能覆盖的消费群会越来越少。企业产品走向为某些细分的消费群定制也是必然趋势。

企业以消费群细分为依托实现品类创新，就要对产品的整体消费群进行分类研究，比如从年龄段、性别、阶层、教育程度等，实施消费细分和产品细分。如斯美特的粉面搭档，根据当前女性对小吃酸辣粉、土豆粉的火热表现，大胆将粉丝和方便面进行组合，聚焦女性消费。如果企业能够在粉面搭档产品的推广上，聚焦渠道、集中资源，有针对性地展开推广，就一定能够取得突破。单从企业该产品近期的市场运作看，我们担心企业不能聚焦推广，而是把这一款细分的产品，当成大众方便面，就会出现消费定位、市场定位和产品定位脱节，或者出现“胡子眉毛一把抓”，导致该产品在非主流消费渠道环节出现滞销，使得企业营销人员对该产品的市场运营态势和未来走势评判出现“归因性错误”。

第四是从地方名吃的角度实现品类创新。

中华名吃和地方名吃是中国的骄傲，随着社会生活的变化，中华名吃和地方名吃工业化生产也是必然的发展趋势。同时面条类中华名吃和地方名吃品种也是数不胜数，食品企业通过企业综合能力研发面条类中华名吃和地方名吃，成为品类创新的突破口。

国华公司将自身的产品战略定位于国华美食，围绕中华名吃和地方名吃开发国华美食系列方便面产品，通过聚焦和细分打造企业相对竞争优势。如前文提到的国华美食“河南烩面”，河南烩面是河南传统名吃，是河南的金字招牌和名片，国华公司通过设备创新，将河南烩面工业化生产，通过河南烩面嫁接了社会和市场资源。河南烩面上市 3 年来，不仅为企业的发展注入了强劲的内在动力，同时也使这个名不见经传的企业一下子在业界和消费者当中声名远扬。同时，国华美食“武汉热干面”、“兰州拉面”等产品，也转化了地方名吃的产品基因，嫁接了市场和社会资源，在区域市场取得了不菲的业绩。

第七节　方便面企业的崛起

在历经 30 多年的经济快速发展之后，各个行业都进入了一个发展的拐点期，与白酒产业相比，白酒产业的拐点是向下——因为黄金十年带来的浮躁与狂奔；方便面产业的拐点是向上——因为目前已经到了谷底反弹的时候了。

那么，方便面行业与企业如何走进“天堂”呢?

一是看清产业本质，重塑产业价值。方便面的方便时代早已经过去了，因为我们的社会已经到了高度“方便”的时代。方便面作为方便食品的产业本质已经消失，当吃饱不是问题的时候，健康和口味成为当下方便面的产业本质。方便面产业和企业要想有出路就必须围绕新的产业本质，重塑产业价值。

二是重新定位产品基准，做到消费需求价值满足的最大化。我们的方便面企业必须明白一个最简单的道理，基于竞争而脱离满足消费需求的思维是我们最大的误区。

相对方便面而言，不是消费者没有购买力，也不是消费者不愿意为价值更高的方便面产品买单，而是我们的产品不足以让消费者掏腰包，或者说，没有让消费者心动的理由。

就统一的老坛酸菜而言，三年前销售非常火爆的时候，我们就曾经坦言，尽管老坛酸菜让统一企业在方便面领域内实现了惊天大逆转，但这种局面不会持续。原因是，老坛酸菜仅仅是解决了“味”的问题，酸菜不足以支撑产业价值的突破，就更不用说今麦郎想通过一个卤蛋来改变命运了。

也许刚开始业界对白象的大骨面非常看好，觉得大骨面以大骨熬汤、更加营养为诉求，会博得消费者的芳心。但经过这几年的市场检验，事实远没有大家的期望值高，最终结局我们不难想象。

无独有偶，就像国华食品生产的河南烩面一样，定位非常好，河南烩面属于地方名吃，拥有非常好的消费基础与饮食文化，企业在产品研发方面也下了很大的功夫，可以说，作为二线方便面企业，仅此一项就赢得了业界的普遍尊敬。但是，历经几年之后，这个品系却没有出现另外的惊喜，更不用说当初的预言改变行业了。

原因是什么？因为产品基准定位错误。尽管这两个企业，甚至业界其他方便面企业也都有了很好产品品类以及品类诉求，最终却出现了只开花、不结果的尴尬局面。

而在中国颇具知名度的乔赢，东山再起推出的红高粱烩面，近两年却有了很好的发展局面。原因是红高粱烩面以非油炸切入市场，彻底改变了方便面的属性，吻合了烩面的产品特点，加上产品基准也直接脱离了传统的方便面，才有了良好的发展势头，令人期待。

产品基准是衡量一个行业发展的基本标志，也是一个企业取得突破性发展的必经之路。

我们认为，传统袋装方便面的产品基准为 2 元、5 元、8 元，2 元为休闲面、5 元为基本型产品、8 元为生活型产品。容器面的产品基准为 8 元、15 元，即 8 元为基本型容器面、15 元为生活型容器面。也许我们这种产品基准的重塑与定位，会让业界觉得大跌眼镜，或者视为痴人说梦。但我们有理由认为，只有把产品基准重塑之后，才能完成真正意义上的价值交付。没有这种基准，就不会满足企业、消费者以及销售商们的多方价值重塑，就不会从根本上改变方便面行业及企业的基本属性。

三是营销创新。目前看，方便面行业的整体营销仍然是处在推销或者销售阶段，基本营销策略仍然是渠道推广和针对消费者的硬性促销。也许是因为竞争导向的营销思维，也许是因为以“卖”为主导的营销手段，导致方便面企业的营销僵化，在没有实现消费者购买利益塑造的同时，单纯实施推销，甚至很多企业还采取人海式的阵地保卫战。忽视了以价值为支点撬动消费需求的持续性、自觉性，被动的推销式营销不仅让企业焦头烂额，更让消费者觉得索然无味。

方便面行业的营销创新，就是围绕“给消费者一个购买的理由”开展整体营销工作。同时结合具体产品的消费群体定位，改变单纯的、硬性的利益诱导误区，塑造企业营销体系的内在动力，让推销、销售成为多余。

延伸阅读

康师傅是如何超越统一的

调查数据显示，截至 2009 年 6 月底，康师傅在中国方便面的市场份额已达 54.1%，而统一的市场份额则不足 15%。并且，康师傅旗下的茶饮料也拼到了市场第一名，占有率为 53.14%，几乎是第二名统一的两倍。

业内对康师傅与统一的解读，已是数不胜数，但笔者与众多的业内人士座谈时，大家还是对康师傅——这个在台湾默默无闻的无名小辈占领中国大陆一半以上的市场份额，存在诸多疑惑：它凭什么超越“老大哥”统一？它的增长秘诀是什么？它成功甩掉统一的撒手锏是什么？

这些问题需要从康师傅的发展历程，以及它与统一的较量过程中去深入挖掘。

一、感知行业本质

透过康师傅具有传奇色彩的创业背后，很多人把康师傅的成功，甚至是超越统一归结为市场先机和巨大的市场增长潜力，但笔者认为，这是魏应行在历尽挫折之后，感知到了行业本质。

康师傅的创始人是台湾魏氏四兄弟：魏应州、魏应交、魏应充和魏应行。1958 年，魏氏四兄弟的父亲魏德和在台湾彰化乡村办起了一间小油坊，起名为“鼎新”。小时候，四兄弟加上三个姐姐就在油坊帮忙做活。尽管非常辛苦，但油坊的规模一直发展不起来，直到 20 世纪 70 年代末他们的父亲去世时，家产与负债也是基本相抵。

在诸多因素的困扰之下，1988 年，受家人重托的魏应行从香港转道来到大陆寻找机会。那时，他在大陆可以说是人生地不熟，在各省之间辗转奔波，考察市场。由于一直开油坊，他很自然地想到要在大陆开发一种食用油，创立“来自台湾的食用油”形象。

许多人可能还记得 20 世纪 80 年代末中央电视台播出的一则广告，台湾电视剧《星星知我心》的女主角吴敬娴那句“用顶好清香油，顶有面子”的广告词，一时深入人心。但遗憾的是，这个产品有点超前，以当时大陆老百姓的消费水平，大多数家庭都用的是散装油，并且锅里有油就不错了，根本还没达到“要面子”的程度，于是产品陷入滞销。

痛定思痛的魏应行，又先后推出了“康莱蛋酥卷”和另外一种蓖麻油，结局也和清香油一样，广告虽然不错，但也犯下了市场超前的策略性错误，又陷入了失败之中。到1991年时，魏应行带来的1.5亿元新台币几乎全部赔光，就在他准备打道回府时，他又嗅到了新的商机。

当时，由于他经常在外出差，并常吃一种从台湾带来的方便面，于是他渐渐发现，一同搭车的人们对他的方便面十分好奇，经常有人围观甚至询问何处可以买到。魏应行敏锐地捕捉到了这个市场的巨大需求，从此开始了走上了翻身立业的征途。

20世纪90年代初，大陆的方便面市场呈现两极化：一极是国内厂家生产的廉价面，几毛钱一袋，但质量很差；另一极是进口面，质量很好，但价格贵，五六元钱一碗，对普通人来说算是奢侈消费。

笔者认为，魏应行看到这种市场情况后，一定是触景生"智"：如果有一种方便面物美价廉，那一定很有市场。

于是他决定生产这种方便面，并给准备投产的方便面起了一个响亮的名字——"康师傅"。之所以取这个名字，是为了适应北方人的思维方式——在北方人眼里，"师傅"这个词显得较为专业，而姓氏则取用"健康"的"康"字，以塑造"讲究健康美味的健康食品专家"形象。

名称起好了，产品档次也定下来了，接下来就是确定口味了。怎样开发符合大陆人口味的方便面呢？康师傅经过上万次的口味测试和调查发现：大陆人口味偏重，而且比较偏爱牛肉，于是决定将"红烧牛肉面"作为主打产品。在价格上，考虑到大陆消费者的消费能力，最终定在1.98元。

与此同时，康师傅的广告宣传也全面铺开。笔者不得不佩服的是，康师傅从一开始就具有极强的广告意识。这一次，康师傅一改前两次用真人做广告的做法，根据名字塑造了一个比较容易记忆的动画人物，因为当时台湾对大陆观众还很有吸引力，为了迎合观众的心理，康师傅给品牌定位为“康师傅，来自台湾”，配合红烧牛肉面口味浓、分量足的特点，将广告词设计为“香喷喷，好吃看得见”。从此，魏应行创建的康师傅方便面便如日中天，企业发展突飞猛进……

结合郎咸平先生对“行业本质”的看法，我们可以认识到，在市场层面，行业本质是为消费者创造价值以满足消费者需求所体现出来的行业特性；在运营层面则是为了满足市场层面竞争需求而在企业内部使用资源的方式和效率。

“认清并抓住行业本质”是企业战略决策的核心基础。只有认清行业本质，企业才能把技术、资金、人力用对方向，才能持续成功。

方便面在中国走过了近二十年的历程，从消费和产品的角度我们不难看出行业本质及其发展形势。方便面在 20 世纪 90 年代初期，某种意义上具有奢侈品的特征，随着经济和市场的发展，方便面逐步日常化，甚至成为边缘化的食品。

从行业本质的角度，方便面的发展历程经历了方便阶段的速食面时期，方便面以其“方便”的行业本质迅速聚集消费群体。随着整体经济水平发展，解决完温饱问题的中国消费者逐步开始从吃饱走向了吃好。吃好就意味着“味”，康师傅起步就具有前瞻性，在把握行业本质的前提下，迅速从“香喷喷，好吃看得见”到“红烧牛肉面就是这个味”，康师傅抓住“吃好”的行业本质，坚持就是这个味坚持了十几年。从 2004 年开始，康师傅又将产品从味到营养实现了系统的升级，开发出了香菇炖鸡、西红柿牛腩、笋干老鸭煲、亚洲精选蟹黄鲍鱼等，并在此基础上完成了产品的区域细分，在西北推出油泼辣子，在江南推出了本帮红烧鸡翅煲、江南美食东坡红烧肉面等。

也有很多业界人士单纯地认为，康师傅超越统一就是在产品的开发方面，其实这是一种只见树木、不见森林的说法。因为把握不住行业本质，研发能力再强大也无法推出适合消费者需求的产品。事实上，到很多企业的库房里看看，他们并不缺少产品，缺少的是能体现行业本质的产品。因为产品本身不在于多少，而在于消费适应性。

从这个意义上讲，康师傅无论是品牌定位还是产品品类的定位，都抓住了（方便面）行业本质，这就给萌芽时期的康师傅，注入了发展的原始动力。

二、聚焦产品精髓

笔者一直认为，当今企业处于一个混沌的时代，变幻莫测的市场环境和经营环境，让企业的所有决策进入到了无对错的两难境地。但破解这种两难需要抓住本质，而抓住本质的关键是在简单和复杂之间取舍，因为越简单的东西越本质，同样越本质的东西就越简单。

从行业本质的角度看，每一个行业在一定时期内都面对着消费者同样的价值需求和评价，这就是行业本质下的产品核心，即产品精髓。同时，这也是行业本质的市场层面。行业本质的运营层面则是为了实现产品精髓在企业内部施行的资源使用模式，运营层面重在企业内部管理组织体系的模式、质量控制体系的模式、供应链管理模式等，表现在效率指标和财务指标上，如供货周期、产成品率、库存周转率等。

对比一下康师傅和统一在不同时期的产品精髓，我们会受到一些启发。

第一阶段：初来乍到，单品定天下

初进入大陆市场时，康师傅通过万人试吃研究大陆消费群体的特性，最终将产品定位于“红烧牛肉面”，并且坚持了十几年，这个优势是所有方便面企业无法超越的，因为红烧牛肉面成了中国方便面的代名词，也是康师傅构建的战略竞争壁垒。

反观统一，它在刚进入大陆市场时，曾把在台湾最畅销的鲜虾面、肉燥面等产品带了过来，并认为“我们爱吃，他们也应该喜欢”，结果遭到冷遇。

在这一阶段中，康师傅与统一拉开差距的撒手锏就是康师傅借助红烧牛肉面的单品突破，因为这是一个企业从新市场开发取得突破直至长期而稳固地占领市场所必须经历的一个过程，或者说市场稳定并走向成熟所必经的阶段。同时，单品突破是企业根基和品牌奠定的前提，是一个弱小企业走向成功的起点。

第二阶段，丰富产品结构，构建防御体系

2002 年，康师傅在大陆市场实现了 23.5% 的市场占有率，实现了超越统一的梦想（当时统一在大陆市场的占有率为 21%）。

之后，康师傅依然坚持自己的产品精髓理念，以核心产品及核心产品利益诉求为突破口，实施产品丰富和产品结构战略，其目的是通过丰富产品，降低主导产品红烧牛肉面的市场竞争风险，同时通过丰富产品实现企业盈利能力的提升。

在产品导入方面，康师傅奉行“来得早不如来得巧”的原则，也就是说任何产品都有进入市场的最佳时机，并非越早越好。先进入自然有先入为主的优势，但选择适当的时机切入，可以节省培育市场、培养消费观念的费用。

值得关注的是，这个时期康师傅在台湾市场实施了总成本领先的竞争策略，并且在切入后之所以能将统一快速甩开，关键在于能够在竞争产品的基础上进一步突出产品精髓，跟随市场的不断拓展，持续开发出能够满足消费需求的新产品。同样的产品，后来者康师傅总能本着“以有限的资源创造超值销量”的标准，在考虑市场份额的同时，尽可能以较低的价格给消费者以最大的实惠。

在这一时期，康师傅向市场不间断地投放了 142 个品种。反观统一，依然坚持在“好劲道”、“统一 100”产品线上停留，面对康师傅的强势攻击下，统一忽视了企业营销多重目标的根本因素，无论是好劲道还是统一100的现有品种，都无法同时承担市场开拓、抵御竞争、持续增长并满足多方面消费者偏好的所有责任。

从2004年开始，康师傅在高端市场做产品延伸，研发了代表六个不同国家、不同地区口味的方便面，推出“亚洲精选”系列，并请凤凰卫视当红主持人陈鲁豫做形象代言人，希望能将高端方便面打入城市白领市场。本着一贯的大手笔，康师傅在“亚洲精选”系列的市场推广费用上，耗资了1亿元人民币以上。这种战略行为，不仅使康师傅迅速在产品结构上完成了战略布局，也使其彻底在高端产品上建立了防御体系，给统一又设置了一个无法逾越的鸿沟。

纵观统一的产品路线图，我们不难发现，在这一阶段，统一这位昔日的大哥却没有了大哥的风范，问题表面上看是统一的产品研发能力较弱，新产品的持续性不强，本质上是统一没有认清这一时期方便面的行业本质，在产品的品类创新上始终没有爆发力，并且显然有了退守甘拜下风的意思。

第三阶段：产品常新，企业长青

百年企业或百年品牌的成功，其实就是在把握消费者核心需求的基础上，实现产品的不断更新。产品更新不是要等到老产品退出市场时才需要更新，而是在老产品畅销时更新，康师傅是深谙此道。

康师傅的产品体系迅速完成了第一、第二阶段的战略布局，即从单品突破到品种丰富，再由品种丰富走向了产品结构，最终实现了产品更新体系的建设。

方便面虽然看上去是一个门槛比较低的行业，但实际上要做好也非常不易，新品开发能力是很关键的因素。

消费者喜新厌旧，天天都是一个口味谁受得了？

为了抓住消费者的胃口，在最近几年中，康师傅新上市的品种占了销售额的45%以上。在产品更新方面，康师傅已经与统一形成了明显的反差，这种反差恰恰是康师傅从产品覆盖的角度超越统一的突破口。

新品开发的前提是把握行业本质，在了解行业本质的前提下，根据市场的需求变化，每一个市场甚至每一个时期都会有不同的口味、价格、诉求等需求的不同与之匹配，如果忽略了行业本质，就可能会犯下致命的错误。因为迷失行业本质的企业注定是不成功的企业，是难以持续的企业。

三、解码成功基因

一路走来，康师傅与统一都在进行着生死较量、狭路相逢。在这场残酷的竞争中，康师傅始终能够保持持续创新、高速增长。

笔者认为，竞争只是表面现象。很多时候，企业失败的真正原因不在于竞争。某种意义上讲，企业在竞争中的失败，更多的是在战略上的失败，尽管诸多企业老板固执地认为企业不缺少战略而缺少的是执行，但方向错了，执行力到位又有何用？因此，企业竞争失败就是没有远见、偏离行业本质的失败。

而在与统一的博弈中，康师傅通过实施系统营销战略的构建，奠定了自己的霸主地位。

四、产品突破，广告突破

这是20世纪80年代末、90年代初成功企业的典型操作模式，也是企业营销的主流方向。康师傅从一开始进入方便面行业，就把握了这个主流方向。

1992年，在国内企业还没有很强的广告意识的时候，康师傅的年广告支出就达到了3000万元。当时大陆的电视广告费用相当便宜，在中央电视台黄金时段插播广告只需500元人民币。为了将一句“好味道是吃出来的”的广告语铺满大江南北，康师傅在20世纪90年代中后期，每年的广告投入从不低于1亿元人民币。因为康师傅认为“广告就像朋友，你不打招呼，人家就把你淡忘了”。

五、市场重心下沉，砍掉大户

这是1997年后的主流营销方向，康师傅几乎是在第一时间再次把握了营销的方向。

1997年，亚洲金融危机后，中国从“短缺经济”快速过渡到“过剩经济”。市场突变，几乎让所有的企业慌了手脚。这是考验企业适应能力的最好时机，因为只有在逆境顽强生存下去的企业才具备永续经营的资格。此时，康师傅做出了一个重大决策，果断地砍掉省级“大户”，市场重心下沉至地市，以地市为营销起点，将受控经销商设到县。

康师傅是第一批做出市场重心下沉决策的企业，这种做法是冒着极大的风险的。因为传统“大户”要砍掉，地市级市场网络还没有充分建立起来，如果衔接出现问题，企业就可能崩盘。

康师傅在这一阶段，以渠道变革为战略导向，力推渠道扁平化，以此整体推动产品渠道的拓宽和加深，在两年时间里，依托辅销所、办事处、分公司，不仅完成了渠道再造，而且还出现了渠道的多元化、复合化，形成了以学校和家批为核心的特通渠道。

六、渠道精耕，调整生产布局

康师傅自1999年在大陆建厂实施通路精耕以来，把中国大陆分东南西北中五大片区500个小区域，设300多个营业点，覆盖近

5000家经销商，55万个销售点。每一个区域由业代和助理业代负责，要求每一名业务员每天拜访80个零售点了解他们的销售情况、需求状况，并及时对他们的要求做出反馈。从2000年开始，康师傅又开始了第二轮渠道创新。这次不仅将渠道下沉至县级市场，而且围绕终端实现了渠道精耕。为此，康师傅三年内在渠道上投入了4000万美元。

为了给渠道精耕提供支持，康师傅对生产布局做出规划，直径500公里内要有一个方便面生产基地，把运费控制在销售价格的5%以内，由此实现新鲜度、销售价与成本的最佳组合。

七、精准式行销

自2005年开始康师傅在通路上做出调整，根据0/80销售原则并结合现代通路目前大多集中在市区的状况，对精耕城区服务的零售店只保留CA、CB点的拜访，并重新对CA、CB点进行定义，放弃CC点的直接服务，利用经销商的覆盖能力进行经营，将节省下来的人力转移到乡镇片区，加大对外阜开发的同时康师傅开始缩减城区的经销商个数以提高经销商的销售额和利润，借以增加经销商的经营意愿，并在片区开始实施片区拆分或架设镇三阶客户，增加覆盖的深度和广度。

依据城市分级（根据其市场表现会受到区域人口、人均GDP及居民可支配收入等因素的影响，根据以上三大要素，结合方便面年人均消费包数、本品人均消费额以及本品在市场中的竞争地位来设定城市开发潜力等级：H、M、L）和0/80销售原则，将辖区（以区为单位）进行分级，并在区内将客户分级，例如分为A级（最重要）、B级（重要）、C级（次重要）三级，按照级别的经营价值进行优先顺序开发和人力的架构。这样可以做到投入相当于0的人力和财力，反而能够得到80以上的产出，可以很好地规避在投入上的风险，并可以得到较大回报并更好地掌控通路。

八、后记

康统博弈有无悬念？

从发展与竞争的角度看，任何一个企业都不会强大到不可以挑战，同样任何一个企业也不可能弱小到不可以竞争。

尽管笔者全文都有“长康师傅之威风、灭统一之锐气”的嫌疑，但这并不代表康师傅就无坚不摧，也不代表统一就绝无翻盘的可能。

在未来的竞争中，如果康师傅不能在技术和产品更新上取得持续突破，以此巩固并提升自身的综合竞争力，就会给统一留下竞争的突破口。如果统一能够意识到突破，即使康师傅在此设防，也不并不代表统一向康师傅挑战成功的可能性就没有。何况，从综合实力来看，统一的资本实力和团队能力，仍然是康师傅的最大威胁。同时，统一再次超越康师傅需要的不仅是战略，更需要的是时间和过程，因为决定食品企业最终命运的是规模。统一只有以战略为前提，以市场为导向，实现对方便面行业与市场本质的再认识，刮骨疗伤、卧薪尝胆才会实现一直以来的梦想。

第二章

市场策略：可持续发展才是硬道理

第一节　什么是成功的区域市场

某企业年终如期召开区域经理会议，在汇报各自区域工作成绩之后，公司老总问了这样一个问题：

“请谈一下如何才能打造一个成功的区域市场？”

各区域经理随即畅所欲言：

“广泛进行市场调研。”

“建立客户档案管理制度。”

“加强业务团队建设。”

……

老总微笑着并不置可否，接着说：

“既然答案不统一，那么我再问一个问题：一个标准的成功区域市场应该是什么样的？”顿时，大家一脸迷茫，会场鸦雀无声。

不难想象，回答不出何谓成功的区域市场，又怎么能打造出成功的区域市场呢？因此，为“成功的区域市场”进行一次全方位的素描，让更多深入一线的经理人从整体上认识成功区域市场的组成要素，是十分必要的。

一、健康的市场环境

健康的市场环境包括行业环境规范、竞争环境优化等等，总结所有成功的区域市场，无不是依附区域内特有的偏好、竞争、需求等而完成区域市场的构建。从适应市场环境，到引导市场环境向有利于自身的方向改变，环境因素在区域市场的成功中可谓首重。

成功的区域市场一定是市场容量足够大，具备可持续增长基础的市场。随着市场竞争加剧和企业的产能膨胀的需要，区域市场只有在容量上达到一定的要求，才能保证其可持续增长。

成功的区域市场还应具有市场内部特性的相似性，它应该是一个相对独立、完整的细分市场。只有市场特性相似，企业才可以服务专业化，整合起来会比较容易，资源易于积聚，从而产生整体市场的聚合效应。

成功的区域市场更应具有强大的市场辐射力。区域市场的成功带给企业的不仅仅是利润，更多是榜样的力量，在提升自身的同时也能带动其他邻界区域的成功，企业只有点亮了一个又一个可燎原的星星之火，带动并整合其他区域促进各个市场之间良好的互动，增强区域内和区域间的学习和交流，最终才能实现全局市场“点－线－面”的跨越。

二、持续稳健的需求

成功的区域市场目标定位绝不仅仅局限于在当前的消费群体，而是为了满足消费需求的未来持续发展。

无论从产品生命周期理论来说，还是从产品阶梯消费理论来说，产品在不同时期能够满足不同消费者的消费需求，而同类消费者在不同时期也有着不同的消费需求。如果仅按照当前的消费者年龄、收入、教育水平、消费习惯（购买频率、购买场所）和消费心理等开拓市场、服务客户，只能满足市场需求的现状，而市场是波动的，需求是不断更新的，隐性或潜在的消费需求才是未来市场的主体。只有在满足当前消费需求的同时，研究、引导并适时把握未来需求主流，实现并满足持续需求的改变和增长，才能够塑造成为真正的成功区域市场。

三、优化的产品结构

我们说，价格是营销的手段，而产品则是营销的武器，成功的区域市场一定拥有一个装备精良且应有尽有的产品武器库，这就是优化的产品结构。

需求是差异化的，满足需求的产品也应是差异化的，无论是从产品功能、包装、成本，还是从消费者认知、偏好、口碑等都反映出不同消费者对不同产品的需求。而成功的区域市场就是能够通过优化自身产品结构而满足多层次消费的需要，做到因地制宜、有的放矢，从而达到“区分有效客户，细分市场定位”的最终目标。

成功的区域市场也是能够协调处理好产品的共性和个性问题的市场。产品的共性需求在规模化降低成本的同时容易导致千篇一律，而产品的个性化需求在满足市场差异化需要的同时却导致了千差万别的效率缺失。因此，成功的区域市场是能够把握好共性和个性的区分度，实现总量产品的综合效率和成本的最佳配比。

四、准确的竞争对手定位

成功的区域市场是完全明晰自己竞争对手的市场，对所在区域市场竞争环境的态势及竞争者的一举一动都有及时整体的动态掌控。

明晰对手，首先还是要明晰自己，了解自己的筹码和位次才能够向对手发起挑战和进攻，而不是盲目的以大欺小或者是以弱示强。SWOT分析也好，有所为有所不为也罢，竞争策略最终都反映在产品的功能、包装、价位、消费者认知和态度、在本区域的销量表现等等，而只有从各个层面充分了解自己才能够和竞争对手对比。

对手并不是唯一的，实力源自专业，不同竞品所代表的专业领域特长不同，因此明晰对手是一个系统的概念，即明晰各领域的顶尖高手，如市场占有第一、品类结构第一、文化内涵第一、时尚风格第一等等，与众多的“第一”交手，才有可能更透彻地分析对手，之后才可能超越对手。

再有就是分析区域潜在的竞争对手有哪些，他们的市场地位如何，还有什么替代品或潜在的进入者，在产品、价格、渠道和宣传上有什么独到之处？我们如何打击它才能赢得主动权？打正规战还是游击战？打到什么程度成本和效率最佳？等等。

明晰竞争对手主要目的就是争取主动，获取竞争的制高点，从而避免产品“哪儿都有，哪儿都不强”的现象。

五、畅通的销售渠道

销售网络的畅通是成功的区域市场的基本保证，区域的运营能力和抗风险能力都与之密切相关。

区域市场销售渠道畅通意味着企业销售通路的延伸，能使企业快速切入市场并全面启动所辖区域市场，从而在短时间内提高产品市场覆盖率及市场占有率，并最终为提升市场可持续发展能力奠定基础。

区域市场的销售渠道有多种：厂家直销、网络销售、平台式销售、辐射式销售。但无论是哪一种渠道都是以畅通为基本的出发点和归宿点，也就是说，渠道不在多与少，而在于通与不通。对一个成功的区域市场，畅通的渠道也许只要有一条就足够了，而不需要遍地开花。

当然，保障渠道的畅通是一个系统的工程，是以明确渠道的终极目标为前提。传统渠道的改进，现代卖场的完善都是以产品为导向的，客户经营方式、产品市场布局、消费习惯偏好等等是渠道设置的重要依据，在此基础上，区域市场只有不断调整销售网络，以动制静，找出问题渠道的节点，提出创新型渠道的策略，从而保障渠道的畅行无阻。

六、忠诚的合作伙伴

成功的区域市场是由若干成功的客户维系和支撑的，客户把市场做的一塌糊涂，很难想象该区域市场还能成为成功的市场。因此，厂商合作关系的优劣也是区域市场是否成功的关键。

合作关系是依赖合作诚信为基础的。作为企业，期望经销商能够全身心地投入，倾其所有营销资源为我所用，而不是有所保留或者是朝秦暮楚。而为利益的博弈始终不会停止，理性的经营者都会以自身利益最大化为基础配置资源。因此，作为成功的区域市场，更应该有能力作为厂商之间沟通的桥梁，保证客户的忠诚度，从经销商的总体结构、数量和质量，各经销商的经营能力和理念、盈亏情况等作综合动态的考核评比。正确认识经销商，选择过滤经销商，精挑细选并加强管理与维护，并为之塑造未来愿景，从而保证客户忠诚度，建立长期合作的关系。

七、匹配的营销资源

生活中我们讲究的是量体裁衣，那么成功的区域市场也是同样，要求拥有相匹配的营销资源。资源过多宛如小脚穿大鞋，是走不远更跑不起来的，而资源短缺只能是马车跑高速，即使千里良驹也于事无补。

那么，怎样才是匹配的营销资源？笔者认为，匹配的营销资源应该是能够提升企业服务客户的能力，比竞争对手更好地满足客户需求，从而迅速建立并巩固企业在该区域市场上的地位的配置方式。

第一，战略性配置资源。不能过于分散，也不能过于集中，边际效益最大化是衡量资源配置情况的尺度，销售人员对资源分配方案的理解是有效的激励手段。

第二，深化价值链资源。以建立区域市场为切入点，通过重新定义客户、设计新的产品和服务方式、组织结构的整合、渠道的扁平化等方式将价值链上其他环节的剩余价值集中到客户环节上，建立符合区域市场特征的资源配置方式，带动客户突破原有的成长极限，进入新一轮的增长周期。

第三，优化运作模式资源。区域运作模式包括：产品流模式（主要包括直销、代理和联合办公等）、资金流模式（主要包括现款现货和先货后款）和信息流模式（主要包括行政文件上传下达模式、市场信息反馈模式和共享模式）。综合考虑区域定位、目标销量、技术难度、顾客对服务的要求等来确定产品销售模式和营销财务、信息沟通的控制机制，从而合理配置营销资源。

八、精英的业务团队

人是一切要素中最宝贵的因素，策略、计划、执行、监管都要由业务团队落实。因此，成功的区域市场也一定拥有一支精英的业务团队为支撑。

精英的业务团队有三个标准：配置合理、职责明确和机制完善。

配置合理，不同的人素质不同，能够承担的业务也不同，重点区域和非重点区域、传统通路发达地区和现代通路发达地区人员的配置都不能相同，做到人尽其用、人尽其职。

职责明确，要明确每个人的职责，避免错位现象的发生。在区域市场，销售人员一般同时担任四种角色：参与者、执行者、合作者和反馈者。通过业务流程体系，使销售人员参与销售政策和传播策略的制定、执行销售活动、与经销商和终端客户紧密合作并向企业反馈有价值的市场信息。

机制完善，要保证每个人尽其能力完成自己的职责，通过适当的经济和精神上的激励和约束规则，顺利实施企业在区域市场上的战略。

第二节 区域市场成功的六根“筋”

区域市场是企业整体市场的骨架，也是企业整体市场的脊梁。可以说，成功的企业是从成功的区域市场开始的，而成功的营销也是以成功的区域市场为基础，成功的区域市场是企业市场成功的起点，同时也是终点。

没有不渴望塑造成功区域市场的区域经理，只有苦苦寻觅成功区域市场打造模式的经理。相反，之所以成功的区域市场仍然凤毛麟角，是因为大家没有找到或抓住引爆区域市场成功的“六根筋”。

一、科学的市场研究

做营销是从研究市场开始的，成功的市场研究是区域市场成功的前提与基础。事实上，很多区域经理，甚至是高层营销管理人员在市场研究方面也都存在迷茫：不明白市场研究到底研究什么。现实中，大部分人只是研究市场最为表面的东西，甚至认为研究市场就是简单的研究价格。所以，他们研究消费者、研究消费者现实的消费水平，而忽略了绝大部分消费者急剧增长的消费水平和消费能力，用极小一部分消费水平较低的消费者来定位整个市场的消费水平；他们研究竞争对手也只是单一的研究竞争对手的产品价格，极其畏惧竞争对手的低价策略，忽略了价格向上走的基本市场规律；他们认为研究市场就是研究通路，只是简单的对二批和零售商研究，忽略了市场研究的核心是消费者研究，消费者是市场的灵魂。

他们不明白市场研究的信息梳理，对市场研究过程中收集到的大量信息不知道究竟该如何整理、分析，甚至是这些大量的信息能得出、应该得出什么样的结论，而往往在下研究结论的时候出现归因错误，让区域市场在正确的调研中以错误的结论寿终正寝。

（1）科学的市场研究必须对市场环境进行研究，通过对经济环境、人文环境、社会风俗的分析，进而把握市场的类别。

（2）科学的市场研究必须以消费者为核心进行研究，通过对消费水平、消费心理、消费行为、消费层次和消费趋势的调研分析，进而把握市场的切入点。

（3）科学的市场研究必须对竞争对手进行研究，通过对竞争对手的实力、投入力度、市场策略和战略企图的把握，进而确定自己的行动方案。

（4）科学的市场研究是对自身的研究，因在某种意义上，市场研究不是对别人而是对自身的一种研究。

二、准确市场的定位

市场定位的角度很多，区域经理必须结合自身的实际情况对目标市场做出明确的判断。

究竟如何定位？区域经理必须回答以下几个问题：

（1）到底有哪些是可以抓住的机会？绝不能满脑子都是令人兴奋的机会。

（2）未来自己能当老几？绝不是忘乎所以，仅仅做决心地判断。

（3）自己的市场份额在哪，到底有多大比例？我们必须清醒地知道从谁的锅里抢一勺。

（4）谁是你的竞争对手？既不能四处树敌更不可能自己上来就一统天下。

三、市场机会

市场经济条件下最为宝贵的资源是机会，营销就是为机会而动。区域市场的成功是从把握市场机会开始的，但我们也断言：机会是区域市场走向成功的前提，没有机会所有工作都是一种徒劳。

市场的机会蕴藏在哪里？在消费者、产品和竞争之中。从消费者的角度看，消费者的成长是一种市场机会。因为消费者成长就意味着消费者趋于成熟，有了较高的产品辨别能力，具有了产品及消费的选择意识，市场会逐步走向规范。

从产品的角度研究，产品机会就是产品在市场中能创造相对的市场和竞争优势。从产品对比的角度讲，无对比产品就是一种产品机会产品的机会，绝不是模仿或跟进式的产品；从产品形式上讲，有了较为明显区隔的产品，就是产品机会；从产品结构上讲，有了档次性超越的产品就是产品机会。就如策划高手所言：打败竞争对手的最好方法就是让你的产品比竞争对手的产品更高，而消费者又乐于购买；从产品组合的角度讲，当自身无法寻求单品优势的时候，利用产品组合的策略，形成产品群的产品导入模式，也是产品机会。

从竞争中找机会就要求我们做到：在乱中找到机会。现实中，区域经理面对市场惨烈的竞争总是一筹莫展。其实，混乱的竞争很容易让强大的对手元气大伤，从此一蹶不振；混乱的竞争创造新的市场格局，如果策略得当我们就很容易在新的格局中占有一席之地，在竞争的运动中以静制动。竞争总是让市场处于剧烈的变动之中，市场变动的本身就是一种难得的机会。只要我们不乱章法，坚定不移地抓住消费者，肯定能笑到最后。

四、市场资源及资源配合力

现实中，区域经理都是向企业或自己上司讨要资源的高手，但大家对得手的资源缺少如何使用的研究，总是将自己手中的资源当成与客户简单交易的条件。

很多区域经理根本不认识或者不能全面认识市场资源，甚至一说市场资源就是费用、就是钱。事实上，市场资源有直接资源和间接资源之分，直接资源包括产品力、人力、物力和财力；间接资源包括消费者、销售团队、客户团队、市场基础、企业形象和品牌力。

大家都清楚地知道，没有资源市场运作很难成功，很少有人明白有了资源不会整合，市场运作同样也不会成功。

区域市场的成功是对市场资源整合的成功。而市场资源整合的基本标志是让市场资源在组合中发酵，从而产生资源的配合力。

五、从点到线、以线连片的运作模式

大多数区域市场的失败是因为我们想把整个区域市场都做成功，我们往往会因为向往成功而走向失败。

区域市场的成功是从某一个单个市场的成功开始的，理由有三：一是首个成功的市场为我们总结一套成功的市场运作模式，我们的整个区域市场有了成功的基础与积累；二是通过集中资源在单个市场取得突破，为我们在整个区域找到了立脚点；三是单个市场首先成功为区域市场树立了标杆，不仅增强了销售团队、经销商团队的信心，而且对其他市场产生了渗透力和影响力，使区域市场从成功走向成功。

区域市场有了点上的突破之后，我们必须对区域市场进行布局，在一条能相互呼应的线上选择战略据点，在线上复制成功，通过一条线上市场的成功我们就会形成区域市场片区的成功。

六、将区域市场打造为战略性区域市场

区域市场成功的终极目标是成为战略性区域市场，当区域市场成为战略性区域市场之后，从企业的角度讲，企业就在该区域市场获得了竞争优势和市场地位，因为成功的区域市场不一定具备较高的市场地位，区域市场提高自身市场地位的表现就是获取市场地位。这种竞争优势和市场地位又为企业赢得了竞争的资本——企业盈利能力。

区域市场走向战略性区域市场，为企业在取得市场份额上建立了绝对优势，同时也为企业建立了竞争门槛，拿到了区域市场竞争的主动权和决胜权。

第三节　三步，让空白市场动起来

某食品企业区域经理王先生接到公司新任销售总监的通知，要求其迅速开发启动所辖邻区的 A 空白市场，并且要求在规定的时间内完成市场的成功开发与运作。王经理心里清楚：这个空白市场已有两任区域经理做过开发但始终都没有成功，据说是市场需求已经饱和且竞争激烈，行业产品的价格水平极低致使客户处在“零利润”的经营状态，该市场被业界定位“钉子型”市场，新品牌进不去或没法进已经是个不争的结论。这是公司新总监对他的一次考验，他也深知这次专项任务关系到自己未来的发展。

经过反复思考与酝酿，为了确保能“赢”，他制定了该市场开发运作的“三步唯赢”计划，只要确保三步计划成功就能保证本次新市场开发运作成功。第二天一早便奔赴所要开发的空白市场。

一、第一步：定位，为空白市场做规划

到了空白市场后，王经理开始对该空白市场进行走访，他详细调研了该市场的竞争格局、主竞品、消费、市场容量和市场增长的潜力空间，得出以下结论：

（1）该市场的行业竞争度和成熟度均较高。

（2）同行业主要企业均在该市场占据一定的市场份额，且形成了诸侯割据的局面，使该市场成为一个典型的块状市场。

（3）主要产品均是各个竞争对手的主导产品。

（4）该市场的消费较为成熟，消费者对产品具有较强的辨别能力且理性程度较高。

（5）该市场的市场容量较大，市场的增长空间仍然存在。

根据调研的结论，王经理开始思考：

（1）自己公司与竞争对手相比的优劣势在哪里，该市场的机会在哪里？

（2）自己目前所能支配的资源有多少，如公司的产品、费用、人力？

（3）到底该怎样开发运作该市场？

（4）未来市场会做成或能做成什么样？

经过反复的论证，王经理陷入沉思，他知道对于空白市场成功开发和运作的前提是准确把握市场个性特征，在充分了解市场资源的同时结合自身资源，对市场做出明确的定位和发展规划。如果市场竞争度低，消费容量和增长的空间大，自身的资源优势明显，且进入市场的时机成熟，那么必须定位为战略型市场；次之则定位为跟进型市场；再次的只能作为培养型或补充型市场。

目前公司的各方面资源与该市场的主要对手相比明显没有优势，即使公司能够做出牺牲性支持，公司在该市场也不会成为主导，何况采取

强攻一旦败下阵来，不仅浪费公司资源，还会破坏市场资源，因为产品一旦做砸了，会在通路成员和消费群当中留下不好的印象和口碑。但他转念一想，该市场的增长空间仍然存在，可以作为培养型市场运作，待市场机会出现时一举成功。

二、第二步：选户，为前景奔跑未来

经过王经理的市场分析和定位，他知道在这种市场找到经销商比较难，而能够找到好经销商就更难，怎么样才能找到与目前和今后市场发展相匹配的经销商呢？

王经理知道，营销的本质是为未来的发展，销售的使命是为实现当前的目标。他决定用未来打动经销商，他精心的编制了《市场调研报告》，报告利用大量的数据和事实对该市场做出了客观、详细的分析，指明了该市场的问题、机会；制定了《市场启动运作计划》，计划根据该市场的实际情况，采取了切实可行的4P策略，并对该市场的发展运作周期给予评估和预测；详细列出了公司对该市场逐步加大运作力度的计划排期。

王经理知道开发经销商选择客户没有绝招，只有最大限度地了解和拜访目标客户群才是正确的选择。他决定采取“筛网式”进行客户开发：即第一遍为拉网式商圈调查，对所有从事商业经营的客户信息进行调查整理、汇总；第二遍为扫街式客户拜访，做到将两份报告发给有可能产生兴趣的客户，目的是普遍撒网重点逮“鱼”。

他召集业务员到该市场开会，要求大家对该市场采取分阶段、计划性的统一作业，必须严格按照两份报告的理论和依据与客户谈判，强调标准化语言。另外，让每一个业务员对所调查经销商的经营品牌、经营规模、仓储能力、运力、人力、资金和经营状况进行统计，同时要求业务员初次拜访客户不要说公司准备开发这个市场，只强调是做市场调查。

第二天的一大早，便有一个该市场刚发展起来的客户上门找王经理要求经营其公司的产品，因为该客户说：很多厂家的营销人员到他这里都鼓吹他们的产品如何好，投入如何大，能够让他挣大钱等，但他对王经理的市场运作思路和计划非常赞成，他说他就是冲着未来才一定要做这个品牌的。

三、第三步：运作，动起来就精彩

功夫不负有心人，经过努力王经理总算把前两脚踢开了，可是市场运作的难题马上又跑到了眉梢，因为接下来几天业务员连续传出货铺不出去的牢骚，客户也开始抱怨，怎么办？

王经理再次赶到该市场调研，经过走访、客户座谈发现常规的思路和手段确实无法完成市场运作，因为自己的产品进入这个市场没有任何相对的优势，且开发时自己就知道有些赶着鸭子上架的局面，至于网点开不动、产品推不动的局面，王经理多少还是有一点预感的，只是他没有预料到会是立竿见影。

一时间陷入一场无奈的寂静之中，王经理突然想起来一句广告语：动起来，更精彩。

因为非战略性市场大多是企业不具备相对优势的市场，尤其是培养型市场，如果找不到支点撬动则很难用常规的手段让市场成活，而解决新开发市场的第一步就是让市场先动起来，然后再谈后期的发展。所以，摆在王经理面前最大的问题是：如何让市场运作先动起来。说白了这是个先生存再发展的问题。

王经理的脑子里只有一个“动”字，只要能够让市场动起来也就找到了切入口，他制定了应急方案，采取了灵活的措施：

（1）渠道动起来。常规的渠道环节竞争激烈、阻力大开发不动，为了让渠道的网点动起来，王经理开始寻求在特殊通路突破，结果学校、工厂、家属区很快被攻下。在特殊渠道的渗透下，常规渠道开始接货，渠道开始整体联动。

（2）产品动起来。常规的产品由于在同行业中难以占有绝对的竞争优势，王经理开始定位、选择差异化的产品，将该市场的非主导产品形式作为自己公司的主推产品，结果产品快速在通路上流通、成长，这种局面开始带动公司常规产品成长。

（3）促销动起来。因为该市场竞争较为激烈，同行业竞争对手拼命抢滩二批和零售，促销主要集中在二批和零售环节上，王经理决定直接对消费者促销，采取买赠和空包装兑换的活动，促销的效果非常明显。

新市场开发运作成功，王经理不仅赢得了新总监的信任，还总结出一套新市场开发运作的“三部曲”：

第一步全面把握、准确定位空白市场，为空白市场做一份成功的规划，避免了为开发市场而开发市场的误区，使市场开发的工作目标不再是单纯地追求上货，而是追求市场的长期发展。这样，既可以因市场而异确保成功的市场规划，还可以为市场未来的运作和发展打下坚实的基础。如果不做市场定位，简单地认为新市场开发就是找到经销商把货拉过去就算完事，结局肯定是找到经销商上货之日就是新市场走向死亡之日，因为市场已经进入精细化运作时代，“瞎猫”再也碰不上“死耗子”了。

第二步选择经销商不再是简单的“拉郎配”，而是在寻找战略性合作伙伴，为市场的运作和发展找到成功的守护者。在市场竞争白热化的时代，很多营销人员挖空心思的去“套”或者“忽悠”经销商，结果是赔了夫人又折兵。王经理凭着自己对市场的了解和把握，用事实描绘未来打动经销商，避免了厂商在热恋之后迅速分手的悲剧。

第三步是先生存后发展，动起来就精彩。很多市场人员由于缺少对市场的把握和定位，对市场运作的期望值过高或求胜心切，一旦遇到挫折或者问题就会灰心丧气。通过对市场运作初期的灵活、机动的目标定位，采取以“动”起来求生存为基本目标，运用“避实击虚，追求差异”的市场运作策略，不仅能够找到生存空间还会抓住鲜为人知的发展机会。王经理深信，无论开发什么样的空白市场，只要能够做到“步步为营”，即每一步的工作都是着眼市场的长期发展，就能确保实现三步唯“赢”。

第四节　成长期市场如何走向成熟

现实中，成长型市场并不少见，为什么走过成长期走向成熟期的市场却十分少见？为什么成长市场在一夜之间被打回“老家”？为什么诸多的成长市场生存艰难，生死难断？

深究其原因，大致有两种误区导致成长期的市场倒退或死亡：

一是拔苗助长性死亡。在成长期的市场没有建立真正成长基础的时候，过早的推动其走向所谓的成熟。

二是老化衰竭性死亡。即对处在成长期的市场始终进行不温不火地运作，这种不温不火的方式导致这类市场的基础无法完成量变到质变的转变，根本找不到引爆点使其走到成熟而死亡。

某种意义上说，将空白市场从起步期做到成长期并不是一件难事，难就难在走上成长期以后成长市场如何继续推动，使他们逐步走向成熟期，成为成熟市场。

笔者认为，成长期市场基础决定未来，只有持续地做好成长期市场的消费基础、产品基础，并把这种基础不断地转化为成长期市场成长所需的市场能量，才能抓住时机推动成长期市场走向成熟。

一、消费基础

稳固并持续增长的消费基础是成长期市场成长的内在动力。走向成长期的市场，并没有建立起与现实或后期持续发展相匹配的消费基础，只是通过前期的市场运作与消费者建立了初步的联系。一方面，企业或企业的产品只是得到消费者的初步认知与认可，但并没有使消费者产生重复性购买或消费的忠诚度；另一方面，企业的产品并没有在具体市场构建出足够大的消费群体。所以，没有足够大的消费群体就没有足够大的市场基础，也不可能把成长期的市场推向成熟。

要想给成长市场建立可持续发展的消费基础，成长期市场必须在以下两个方面加大工作力度：

1. 提高消费者满意度

消费者满意度是市场成长与发展的第一块基石。没有消费者满意度的市场最终肯定是没有出路的。同样，离开了消费者满意度的营销工作都是表面工作。

怎样提高成长期市场的消费满意度呢？从营销工作的角度讲，要做好以下几个方面的工作：

（1）实现产品与消费需求的无缝化。成长市场是企业经过第一轮的工作，完成了市场的基本运作。但能不能真正持续推动成长市场成长还是个问号，产品与需求的无缝化结合是市场得以持续成长的根本点。推动成长市场的持续成长就要通过深入的消费研究和产品检讨，根据他们二者存在的差距完善产品并加强与消费者的沟通。

（2）强化终端，狠抓售后服务。即使实现了产品与消费需求的无缝化，也要在强化终端市场运作方面下功夫，只有扎实的终端工作才能保证产品顺利的实现消费。同时，售后工作也是考验成长市场未来命运至关重要的一环，企业必须站在战略的高度看待这个时期的售后服务工作，没有成长市场完美的售后服务就没有持续成长的成长市场。

（3）消费者的忠诚度。消费者的忠诚度是市场成长的关键，没有消费者的忠诚度其他的一切就无从谈起。要想培养消费者的忠诚度，消费者满意度是前提。所以，深入做好成长期的市场消费走访、调研与分析，营销人员围绕消费群而不是渠道商、经销商开展工作，才是最主要的。

2. 扩大消费群体

扩大消费群体需要做好以下几个方面的工作：

（1）利用现有产品实现消费群体的最大化。实现这一目标，一方面是加大空白网点的开发，实现产品的市场占有率；另一方面是实行通路再造，随着商业模式的变革，传统的通路模式不断被分化和变异，企业或企业的营销工作必须围绕通路再造开展工作。如传统的经销商总是以批发流通渠道为主，但随着终端市场的强大和超级市场的成长，我们必须认识并抢占这一新兴的市场资源。

（2）利用产品组合扩大消费群。商品化时代是商品丰富化的时代，这个时代消费者具有主动的消费选择权，企业必须为消费者提供更多可供选择的产品，围绕主流产品做好产品的组合是扩大消费群的主要措施。

（3）提升产品结构，通过产品档次结构，建立多层次的消费群。

二、产品基础

产品基础是成长市场持续发展的根本动力和保障。

企业必须站在成长市场的战略高度做好成长市场的产品基础建设。空白市场可以通过跟风或随大流的产品导入成为成长市场，但成长市场要想成为成熟市场或成为企业的战略市场，必须在产品方面有自己的特色。只要在产品上建立能够表现出自身的独特优势，实现成长市场走向成功不是很困难的事情。

怎么样才能建立成长市场的产品基础呢？建立打造成长市场声誉产品的培育战略。所谓声誉产品可以简单地理解为具有代表性的产品，即企业或行业的标志性产品。

企业从自己现有的主导产品中挑选出具有明显成长优势的若干产品，赋予其战略使命，不断扩大其市场占有率和市场份额，让其从普通产品逐步成为区域性名牌产品，最后成为一定市场范围内的标志性产品。

利用区域性名牌产品建立成长市场的产品竞争门槛，成长市场的产品基础就逐步浮现出来了。如方便面行业的区域性品牌“小保姆”，其75 克小保姆方便面在其周边的县级市场成为地方名牌后，很多十分强势的企业无论是采取低价策略，还是采取高克重同价的策略均无法改变其市场的主导地位；同样，南街村的“北京麻辣面”，尽管方便面行业的整体产品经过了很多次更新换代，但“北京麻辣面”始终以其不变的“乡音乡容”在局部市场占有主导地位，且越显得市场地位无法撼动。

值得提醒的是，不是其他的基础如渠道基础、营销团队基础、经销商团队基础、市场管理基础等不重要，而是消费基础和产品基础是上述基础的基础，只要成长市场的消费基础和产品基础建立起来，其他自然就容易得多。

第五节　销量做到规模之后怎么办

从事多年的营销工作，无论是基层一线的营销，还是至今的高层营销管理工作，听到最多的声音是营销工作之难。基层一线的营销工作难的是在销量上做到规模，而高层营销管理工作之难是把销量做到规模的市场持续下去，长盛不衰。

更多地看到了大批具有规模的市场起来又倒下，市场销量做到规模后的顷刻间猝死，从企业经营的角度痛惜投入没有得到收获，从营销管理的角度扼腕于战地的痛失。同时，更看到无论是行业巨头企业，还是极具发展潜力的后起之秀，也在销量做到规模之后迅速市场翻船，企业也随之失去活力而退出发展的舞台。

窥探之久，暄思已余，提出销量做到规模以后营销工作的几点注意事项，供大家参考：

一、从投入到产出

企业把市场销量做到规模的过程是个投入的过程，销量做到规模之后的市场营销工作就是企业收获利润的工作。在激烈的市场竞争中，面对自己空白的目标市场和薄弱市场，无论是一线营销人员还是高层营销管理者，甚至企业的老板，也只有一个信念：把市场做起来，做起来就意味着投入费用、产出销量。从销售的角度讲，销量就是以政策支持为前提的营销工作。因此，当企业把市场的销量做到规模时，也是企业在这些市场利润回报最小时，从投资到收益的角度讲，这个时候应该转入收获期。

营销管理者必须把销量做到规模之后的市场营销策略和方法转换，明确企业在这些市场的核心工作是强化企业利润收获，借助销量势能来完成企业的阶段性的利润收获。

强化利润的手段可以使用三种策略：

一是减少人工费用。让这些市场的人员重新调整到其他市场工作。

二是减少投入费用。加大对经销商的日常工作管理，如送货及时，自主开发网点，加大通路上的存货量等等，以让规模销量持续更长时间。

三是强化产品组合，丰富产品品项。让客户利用销量规模带来的网点数量规模、通路接货量规模、铺货推广的易接受度等资源和优势，强化市场销量规模的稳定性。通过上述工作，延长企业少投入多产出的收益时间周期。

二、确保成果最大化

企业把市场的销量做到规模，从某种意义上说是个经营增长性工作。经营的目标是销量增长，即通过市场内部资源的开发和运作，企业实现了市场销量规模化产出，这时的营销工作必须随着企业经营的主题变化而变化，因为企业做到销量规模是一种经营成果，如何保证这种经营成果的最大化，主要靠营销管理。

因为，经营是寻找增量，管理是确保增量的存量，即管理是为了确保经营成果的最大化，所以，企业要想让销量做到规模之后的市场经营成果最大化，而让规模销量的经营成果得以延续和提升必须靠强化管理。没有管理的销量规模本身就是一种风险，对这一点的忽视也是许多企业丢失销量规模市场的主要原因，这是营销管理失败的一个通病。所以，要想让销量做到规模市场能够稳定、健康、持续发展，营销管理者必须对这些市场的产品、价格、通路、促销、经销商、营销人员及其工作强化管理。

三、构筑营销核心竞争力

中国短命的企业大多是没有战略目标和战略步骤的企业，或者是战略目标与战略步骤不对称的企业，而企业营销工作的失败大多是缺少市场战略眼光和市场战略目标，市场从没有销量规模到有销量规模，可以视为一个营销战术或营销策略的过程，而让销量做到规模市场稳定、健康持续发展就是一个战略。

事实上，无论品牌企业还是中小企业，在这一市场质变的过程中，营销工作根本没有发生任何变化，大多是竭泽而渔，把销量进行到底，结果导致大批销量做到规模的市场因“短视性营销”而失败。

怎么样在销量做到规模之后，定位自己的战略目标，构筑自己的核心竞争优势呢？

首先要做到战略性品牌建设的营销工作推进。提到战略性品牌建设，很多企业不以为然，已经成领导或强势品牌的企业认为此举是多余。但现实中，不是百分之百的消费者、销售商都接受认可你的品牌，中国品牌企业中尚没有一家企业的品牌到达“无人不知，无不不晓”的强大阶段。

另外，中小企业更是“苦颜”相对，因为他们认为做品牌是“富人”的事，与自己无干，这种品牌“漠然症”和“恐惧症”者，没有认识到无论多么高明的专家、教授都是从牙牙学语开始的，无论多么强大的品牌，都是从一个符号开始——因为品牌是积累起来的。值得提醒的是，中小企业的品牌建设必须从销量做到规模之后的营销工作做起，否则，既会造成销量做到规模市场的丢失，又会为企业的“短命”埋下祸根。

其次是做到消费引导，产品领跑。行业巨头企业是行业标准的制定者，是市场游戏规则的设定者，这已是一个不争的事实。另外，凡是做大做强的健康企业首先都是消费引导、产品领路的企业。而企业做到行业的巨头之后，没有履行“消费引导，产品领跑”的“大哥”职责，导致企业“人仰马翻”的案例俯首皆是、举不胜举。而无论是大企业或者是中小企业，在做到销量规模后，都必须在一定的范围内做到“消费引导，产品领跑”。否则，绝难逃“荆州之失”的局面，也必然会出现后来者居上的另一种局面。

怎么样做到“消费引导，产品领跑”呢？

一是销量做到规模的市场营销工作转型，从关注竞品通路销量提升到关注消费、研究消费。

二是依据消费变化的趋势，做到创新产品，不断完善市场产品结构和产品组合。

三是做到标杆性产品领跑的同时，构筑自己产品的核心优势，建立应对竞品的进攻的核心竞争力。

四是设定市场竞争的游戏规则，建立参与市场竞争的门槛，把对手拒之门外。

竞争中的常胜将军是竞争游戏规则的制定者，最难切入的市场是有竞争门槛的市场，无论哪个行业，哪个层面的企业，在销量做到规模以后的市场中都能够设定市场竞争的游戏规则，并要有建立市场竞争门槛的能力。所以，企业在销量做到规模的市场必须全面强化营销战略能力，构建自己的核心竞争力。

第六节　如何管理成熟期的市场

经过企业和企业营销人员的付出与努力，成熟市场犹如进入收获期的田园挂满成熟的果实，如何确保成熟市场的果实颗粒归仓和成果的最大化是企业及企业营销人员面临的主要课题。

现实中，企业或企业营销人员的两种做法导致成熟市场出现不应有的结果：一是对成熟市场缺乏管理意识，经过诸多投入和努力却由于管理不到位致使成果没有收获或没有最大化收获，导致企业资源的流失与浪费；二是管理过度，一味压榨成熟市场果实而忽略了成熟市场的可持续性发展，干预了市场正常的发展进程，导致市场成熟之日就是进入衰退之时。

如何破解成熟市场的管理难题？我们认为：成熟市场需要全方位、立体化的管理。

一、管理成熟市场的产品

进入成熟市场时期，产品往往由于销售旺盛而致使企业对产品的管理不知所措，企业出于对产品“一管就死，一放就乱”的尴尬境地，无奈中似乎只有坐视衰退期的到来。而我们认为，对成熟期产品的管理是大有可为之处的：

一是树立“一个中心，多个基本点”的管理理念。

保持主导产品单品销量“一个中心”的同时，做好产品群“多个基本点”的四面突围。通过释放主导产品的市场能量，实现市场能见度、占有率和通路存货量的最大化，并进一步提高通路成员推介本品的积极性；利用成熟的通路体系和企业在消费群中的影响力，加大企业产品结构和产品组合的力度，利用产品群的力量实现消费群体的最大化，同时也为延缓主导产品衰老和保持产品的可持续性打好“提前量”。

二是建立成熟市场的产品更新换代机制。

更新就是要不断对成熟市场的主导产品进行整合，通过增加产品新功能、新用途或者提高产品自身的附加值，让成熟市场主导产品的“魅力”不断强化，防止其衰老，这样才能确保成熟市场的生命力和稳定性。某种意义上来说，成熟市场的衰退是从其主导产品的衰退和下滑开始的。

换代就是要不断地推出更高层面的产品，为更多、更高的消费群体服务。推动成熟市场产品的升级，为成熟市场的“第二春”做准备。但企业如果不从经营角度看待此问题，甚至拿不出果断的措施，照样会一事无成。因为，成熟市场的产品升级是在企业营销团队和经销商无意识、无认识的状态下进行的，改变这种无意识、无认识状态本身就是一个艰苦的过程，这个过程很可能会导致企业坐失良机。相反，如果企业对市场的生命周期有足够的认识和规划，做好提前准备，成熟市场推动产品换代具有得天独厚的资源与条件。成功与否关键看企业的认识与行动。

成熟市场的产品更新可以基于产品组合的策略，即取得成熟市场产品的横向发展，在不同层面的产品上不断地出现“老树新枝”；产品的换代也可以基于产品升级的策略，即取得成熟市场产品的纵向延伸，不断地为成熟市场产品的发展拓展新的生存空间。

二、管理成熟市场的渠道

成熟市场的明显特征就是，随着产品利润逐步降低，对原有的渠道开始丧失兴趣并呈萎缩趋势，而产品渠道创新却止步不前、无以为继。因此，对成熟市场渠道的管理也就包含着“使原有渠道维护并升级，使渠道创新并跟进”两方面的实质。

通过渠道维护和升级，使成熟市场的渠道宽度和深度最大化，以实现产品流量的最大化。

渠道不是永恒的，成熟市场的渠道因为销量的放大使诸多的渠道疾患潜伏下来，而隐患会不时显现。所以，维护渠道，把问题解决在萌芽状态，才能够使企业处于主动的地位。同时，也只有不断的渠道升级，使企业能够立足于成熟市场的现有主导产品，在此基础上取得技术与成本的突破，让分销商获得更多的利润空间，并通过深度分销加快产品的流动动力，做到企业产品市场能量聚集的最大化，这本身既是渠道升级也是企业能力的升级。

通过渠道创新，为企业打造一个崭新的渠道模式。

成熟市场的渠道创新对于企业本身已经十分有限了，不过，“他山之石，可以攻玉”，我们不妨换个思路，借用其他产品或行业的渠道模式，另辟蹊径。一是通过“借船出海”，借用其他竞品成功的渠道模式，因地制宜地模仿跟进，为我所用，但切忌盲目模仿而忘却自我，要以“来源于竞品而高于竞品”的标准创新渠道；二是通过“借鸡生蛋”，借用其他行业的渠道模式加以改造，以达到渠道创新和市场延展的目的，如可口可乐与第九城市、肯德鸡与腾迅的合作，前者就是借后者进入网吧渠道，而后者则借用了前者的品牌优势，形成了互补的效果。

三、管理成熟市场的客户

成熟市场是指市场运行周期的成熟而并不是渠道成员的完全成熟。客户对企业的期待以及企业对客户的要求并没有随着产品的生命周期成熟戛然而止，客户管理是自始至终的永恒话题，成熟市场的客户不但要管理而且是必须管理。

在销量达到顶峰的市场成熟期，管理客户的宗旨在于老客户的维系和新客户的开发，其基本原则是：**老客户因势利导，新客户因地制宜。**

老客户因为熟悉企业营销模式，轻车熟路，所以可以轻松驾驭并应对成熟期市场的到来。但是，同样还是因为过于熟悉，更容易滋生居功自傲的自满情绪，对厂方成熟期的跟进措施不以为然。因此，管理老客户应该以潜移默化的信息疏导为主，以战时强制措施为辅，把工作做在平时，使客户始终和厂家保持信息协调的一致性，同时爬坡，以实现从成长期向成熟期的平稳过渡。而不是对客户不管不问或者指令式的朝令夕改，强制于人，两种极端都会产生消极抵制情绪，导致成熟市场过早的衰竭。

新客户是企业新陈代谢的再生力量，即使在成熟期，新客户的开发仍不能懈怠。因为新客户带来的是新市场，而新市场是产品新的周期运行的开始，从导入到成长再到成熟，企业面对是新市场问题的解决和老市场问题在新市场的规避。对客户的管理从另一个层面讲更多的是对客户的服务，即通过服务，使新客户和企业保持营销理念的始终如一。

值得一提的是，企业对客户的管理终究还是服务于成熟市场的最终需求，而在成熟期，在管理客户的同时，提高现有消费群消费量和消费频率也要并举。成熟市场只有靠消费群体的拉动才能实现销量产出的最大化和持续性，从而源头实现销量的最大化。所以，企业在成熟期进行客户管理仍然必须集中资源聚焦消费，针对并围绕消费者开展工作，通过管理客户达到满足市场需求，提高销量和利润的终极目标。

四、管理成熟市场的顽症

市场之所以成熟得以市场秩序的前期规范，而成熟市场能够持续多久却决定于市场的后期管理，而且，相对于前期空白市场的制度管理，后期管理更注重执行管理。

这种执行管理首先是市场费用的控制。成熟市场实现利润的最大化的前提是压缩市场费用的开支。控制或杜绝对成熟市场的整体性费用投入，成熟市场已经具备自动自发地运转能力。对成熟市场的某些薄弱环节做出投入，既是一种运作性的完善也是推动成熟市场可持续性的策略；减少对市场短期的“催肥式”投入，只对成熟市场作长期的维护性支持。因为支持成熟市场短期内上销量，无异于对成熟市场进行“大放血”，追求成熟市场短期或一时的销量相当于“自杀式”运作。

成熟期企业需要成熟的市场，成熟期市场需要成熟的管理

第七节　如何破解成熟市场的难题

通常，企业及企业的营销人员对成熟市场缺少经营意识，只是单一地站在市场的角度看问题，忽视了成熟市场对于企业来说是一个投资后的回报期；却在本应该收获的时候依然追求对市场的大力投入，这不仅帮助不了成熟市场的发展，反而使成熟市场出现“早熟”而衰竭。

成熟市场靠经营。成熟市场基于经营的思想，就要追求投入后的产出最大化，转化并释放市场的能量，实现成熟市场销量和利润的最大化。

一、如何实现销量最大化

成熟市场有了较好的市场基础、消费基础，企业实现销量的最大化必须做好以下几个方面的工作：

一是突破主导产品单品销量的同时，做好产品群的四面突围。释放主导产品的市场能量，实现市场能见度、占有率和通路存货量的最大化，并进一步提高通路成员推介本品的积极性；利用成熟的通路体系和企业在消费群中的影响力，加大企业产品结构和产品组合的力度，利用产品群的力量实现消费群体的最大化，同时也为延缓主导产品衰老和产品的可持性打好“提前量”。

二是聚焦消费群，提高现有消费群消费量和消费频率，从源头上实现销量的最大化。成熟市场只有靠消费群体的拉动才能实现销量产出的最大化和持续性。所以，企业必须集中资源聚焦消费，针对并围绕消费者开展工作、举行促销活动。不幸的是，众多的企业和企业的营销人员仍然没有认识到这一点，工作仍然是胡子眉毛一把抓，销量也是到处抓，过多的通路促销导致了市场的价格混乱，窜货、倒价也频频发生，这样不仅没有实现成熟市场的产出最大化，还导致了成熟市场过早的衰竭。

三是聚焦通路，实现通路产品流量的最大化。首先是通路的宽度和深度最大化。随着商业变革，新的商业形态不断出现并发展壮大，这些新型业态的产出不容忽视，如何抓住新型业态上销量也是成熟市场面临的新课题。同时，深度分销的本身也可以加快产品的流动动力，做到企业产品市场能量聚集的最大化。其次是通路整合，由于成熟市场主要的问题是窜货、砸价，对通路进行新一轮的整合不仅能做到销量的最大化，还能做到市场健康、持续的发展。通过对“问题分销商”或“病态二批”的淘汰，将具体区域范围内的经销权转移给有销量又能保护市场分销商手里，这种出让区域经销群的措施不仅实现销量可持续还可以节省企业费用。

二、如何确保成熟市场发展的可持续性

成熟市场基于经营思想，就必须做到成熟市场发展的可持续性。因为对于成熟市场而言，可持续性本身就是经营成果的最大化。

追求成熟市场的可持续性，就要做到成熟市场产品的可持续性，建立产品更新换代机制。

首先，更新就是要不断对成熟市场的主导产品进行整合。通过增加产品新功能、新用途或者提高产品自身的附加值，让成熟市场主导产品的“魅力”不断强化，防止其衰老才能保持成熟市场的生命力和稳定性。某种意义上说，成熟市场的衰退是从其主导产品的衰退和下滑开始的。

其次，换代就是要不断地推出更高层面的产品。为更多、更高层次的消费群体服务，推动成熟市场产品的升级，就是为成熟市场的“第二春”做准备。但企业如果不从经营角度看待此问题，甚至拿不出果断的措施，照样会一事无成。因为，成熟市场的产品升级是在企业营销团队和经销商无意识、无认识的状态下进行的，改变这种无意识、无认识状态的本身就是一个艰苦的过程，这个过程很可能会导致企业坐失良机。相反，如果企业对市场的生命周期有足够认识和规划，提前做好准备，成熟市场推动产品换代具有得天独厚的资源与条件。成功与否关键看企业的认识与行动。

成熟市场的产品更新可以基于产品组合的策略，即取得成熟市场产品的横向发展，在不同层面的产品上不断地出现“老树新枝”；产品的换代也可以基于产品升级的策略，即取得成熟市场产品的纵向延伸，不断地为成熟市场产品的发展拓展新的生存空间。值得提醒的是，众多的企业都误认为产品升级就是做出顶级产品，实际上，这仅仅是一个方面。如果企业能够立足于成熟市场的现有主导产品，在此基础上取得技

术与成本的突破，让消费者花更少的成本获取更多地价值，这本身既是产品升级也是企业能力的升级。

最后，就要在做销量的同时做市场地位。市场地位是企业市场主动权、话语权的基础。探究很多成熟市场企业“英年早逝”的根源，是因为成熟市场有销量但没有市场地位。可以断言，在成熟市场如果只有销量没有市场地位，成熟市场绝不会长久，因为无市场地位的企业根本无法在市场中扎根。

成熟市场做到可持续性，就要从单一的做市场、做销量转到做品牌上来。品牌是市场竞争的最后一道防线，在成熟市场上如果企业没有品牌作后盾，最终都会被竞争对手所抛弃。无论是哪类企业，成熟市场做品牌是策略也是一种战略，是基于成熟市场长久的战略。

第八节　热点市场建设三步曲

热点市场具有明显的带动性和渗透性，一个企业的生存与发展必须从热区即战略性区域市场开始，但一个战略性区域市场的形成必须从热点市场开始，因为热点市场是区域的标志性市场，不仅能够积累并建立一套成功的模式，更重要的树立企业及企业营销团队的信心。所以可以断言：得区域市场者必先得热点市场。

那么怎样才能建立热点市场呢？经过总结，我们提出建立热点市场的三部曲：

一、第一步：市场选择与评估

不是所有的市场都能成为热点市场，因为热点市场必须具备一定的营销条件才能成功，绝不是人有多大胆地有多大产。所以做热点市场的第一步是市场选择与评估。

1. 市场选择

根据具体区域的市场格局分布，从地理位置的角度找出中心市场，一般为四方形的对角线交点或三角形的三个顶点。这样保证热点市场具有对周边市场的辐射性、带动性和渗透性。否则，不从地理位置的角度选择市场，而选择了死角市场或孤立性市场，即使做成了热点市场也起不到热点市场的真正作用。进一步说，热点市场必须能够有与之相呼应的近邻市场，否则，孤花一朵如何授粉？

2. 市场评估

在选定了具体的市场之后，必须对市场进行评估、论证，要从以下几个方面进行：

市场资源。包括市场的容量、潜力（未被满足的需求）、潜在需求，市场的经济支柱与产业。

市场环境。包括竞争格局、竞争态势和竞争的表现，风土人情、民俗节气。

消费群。主要包括消费者的消费水平、消费能力、消费习惯、消费行为、消费偏好。

市场机会。因为机会是营销工作的核心，有了机会才有运作的可能。

3. 论证做成热点的可行性

市场的外部条件。也可以叫作热点市场的客观条件，主要包括竞争程度、市场机会、增长潜力。

市场的内部条件。也可以叫作热点市场的主观条件，主要包括公司竞争能力、产品力、资源数量、投入程度、团队力。

企业企图心和营销意志，可以视为企业的营销能力。如果企业没有企图心或者没有营销能力，从根本上讲也无法建立热点市场。因为热点市场如同战略性区域市场一样，必须站在战略与全局的高度看待，只有企业的企图心变成营销意志之后，热点市场建立才能成为一种可能，通过强有力的工作让可能变可控。

值得提醒的是，并不是客观条件具备的市场都能做成热点市场，必须结合主观的条件，即企业的市场能力。同样，当企业具备了做市场的主观条件，也未必能建立热点市场，因为外部的客观条件不具备时照样无法建立热点市场。

二、第二步：找准机会点与切入口

当某个市场具备建立热点市场的条件时，我们必须进一步对市场进行研究，从而找到市场的机会点与切入口。事实上，不存在具有绝对机会的市场，只有通过不断放大看似忽隐忽现的某个机会点，并根据机会点才能找准切入点。

1. 机会点在哪里

在竞争对手出现僵局时，如产品不连续，造成产品出现青黄不接；厂商矛盾激化，市场开始被搁置或者撂荒；营销管理不力，对手的人员开始出现“飘飘欲仙”时，这就是很好的机会点。

在消费转型的“节骨眼”上，市场出现消费转型或消费行为与消费习惯发生重大变化时，也会给市场主导品牌之外的企业留下机会。

在季节性转换或淡旺季交替时，如当别人认为“淡季做市场，旺季做销量”时，你可以反其道而行之，在淡季猛抓上量工作，既能趁机作销量又能做到提前压货，何乐而不为呢。

2. 如何选择切入口

所谓切入口是指所运作的市场具备某一方面的明显优势，这种优势可以直接转化为市场运作的方案或方法。要想找到市场的切入口，必须遵循两个原则：一是聚焦原则，通过对某个机会点的分析、论证，对并不十分清晰的机会点开始聚焦，通过聚焦完成机会点地选择与利用；二是支点原则，当找到机会点之后把具体的机会点当成撬动市场的支点，把企业的营销资源集中于支点，这样，即使面对对手的冲击，也可以从容面对。

营销本身就是“欠东风”的条件下进行的，现实中，万事往往也是不具备的。这样就要求我们在做热点市场时，必须选择切入口。如我们的客户比对手有优势，我们的客户就会成为我们进入此市场做热点的切入口；我们的某一支产品比对手更有卖点时，这个产品就是我们建立热点市场的切入口；当我们正处于市场的快速成长期，而位居主导地位的对手销量开始下滑时，时机也是我们的切入口。

三、第三步：集中突破，一举成功

通过前两步的工作，建立热点市场的前期工作基本完成，这个时候就必须采取集中突破的策略，集中突破从以下几个方面着手：

（1）瞄准主流消费群，采用主流产品，集中突破铺货率和销售量。

热点市场成功的第一步从某种意义上讲是主导产品的成功，或者是建立了标志性产品，但能否持续成功取决于企业产品的连续性和围绕主导产品不断丰富的产品群。

（2）建立一个多结构、复合型的通路体系，并集中某一方面的渠道，做深、做透，以期建立热点市场的主体渠道。

（3）费用意识，做热点市场对于企业来说肯定是有大量的费用和资源投入，这绝对是一种超常规性的投入，企业和企业的营销人员如何争取和正确对待？必须树立热点市场的投资意识，热点市场建设不是一种简单的、孤立的投入，因为它后期给企业或市场的回报也是超常规的。

值得提醒的是，做热点市场，没有费用支持难以成就。同样，单纯地依靠费用不去做大量的工作，热点市场建设也肯定不会成功。经销商资源的整合与配合度也很重要，单纯地依靠厂家是无法完成热点市场建设的。

第九节　衰退期市场如何枯木逢春

市场走向成熟是市场运作与积累的必然，但成熟市场也会有走向衰退的一天。市场开始从成熟期的鼎盛走向衰退期的没落，让所有人都觉得无奈，甚至是束手无策。最后我们总会给自己找一个无法挑剔的理由：客观规律，甚至是必然。

笔者在一家企业做区域经理时，被调到该企业进入衰退期的市场接任，面对销量下滑、客户流失、市场沦陷的局面，再看业务队伍更是垂头丧气、毫无斗志，自己也曾一筹莫展，甚至萌生退意。但迫于企业的信任和鼓励，自己开始深入调查市场，经过对消费、产品、渠道、竞争、策略的整合，很快使衰退期的市场梅开二度，枯树逢春。这里，笔者把自己的经历与感悟总结出来，以供大家思考。

从衰退期市场的表现说起，尽管说成熟期市场进入衰退期的最直接表现是销量下滑，但要想让衰退期市场枯树逢春，必须透过销量下滑的背后找到根本原因。

一、消费方面

1. 销量下滑

销量下滑首先说明消费者购买频率或数量减少，由于产品力、品牌力或企业形象力的因素，导致消费者开始对企业的产品购买欲减弱，进而选择了其他品牌的产品。

2. 消费群体萎缩

企业产品原有的消费群开始减少，或者是消费者对企业及企业产品的忠诚度降低，或者是消费者的消费意识成熟，消费观念发生转变，随着社会意识的转变，信息化和同行业企业的消费者宣教等让消费者具有了明显的判断与识别能力。

3. 替代品出现

消费者可以花费更少的成本以获取同样、甚至更多的价值。如电话超市对 IC 卡电话的取代。还有可能，消费者尽管增加了消费成本，但满足了原有的潜在需求。如电动自行车对人力自行车的取代，尽管消费者花费了更多的消费成本，但电动自行车的省力、快捷确实满足了消费者的潜在需求。

二、产品方面

1. 产品更新速度慢

从产品的角度解读销量下滑，首先是产品的更新频率。竞争加剧导致产品的生命周期逐步缩短，过去一款流行的产品可能会兴盛 2 年以上，如今兴盛产品的流行周期最长也就是一年。这种情况下，如果企业不能够持续推出更有竞争力的产品，甚至产品出现不连续，仅产品老化一项就足以让成熟市场迅速出现销量见底。消费者自主消费和个性化消费明显，同时，消费趋同的周期非常短，这些都使产品迅速进入老化阶段，老化的产品使销量难以为继。

2. 产品缺乏创新

商品化时代，商品急剧丰富，同时出现了产品的同质化，无论什么产品几乎都以同样的面孔出现在消费者的面前，甚至是鱼龙混杂，让消费者难以分辨、无从下手。没有个性的产品注定即便有销量也都是短暂的。

3. 产品卖点消失

任何一款产品上市，都承载着一定的市场使命，企业会围绕该产品的市场使命去不断的“物化”、丰富这个特定的产品，但随着市场环境的变化，产品所具有的比较优势即卖点就会丧失。一个不具备比较优势的产品注定是要被消费者所抛弃。

三、渠道方面

1. 产品与渠道的结合度

渠道是支撑市场及市场销量产出的脉络，同时渠道是产生销量的出水口。从渠道的角度解读销量下滑，首先是渠道与产品定位之间的结合度。就产品和渠道而言，渠道支撑着产品，产品决定着渠道的定位。如果一个市场的产品与渠道不能有效的结合，销量的产生都是暂时的。

2. 渠道扩张力

渠道自身的扩张力主要体现为渠道的延伸与传递能力，因为产品在渠道中流通必然要经过若干环节，这些环节之间的延伸和传递能力决定了产品的流速与流量，而流速和流量的结果就是市场的销量。如二批对终端的延伸与传递——如果二批没有足够的零售终端作支撑，二批渠道就没有足够的扩张力，产品在二批这个渠道环节上就会明显受阻，这本身就影响着市场的销量产出。

3. 渠道整合

渠道整合主要体现为渠道的更新换代。市场的运作周期不同，对渠道的设置、定位也不同。如市场开发时期，主要以追求铺货率和能见度为主，对渠道的设置就会追求密度；市场成熟期以追求市场稳定为主，对渠道的设置追求吞吐能力，往往以大二批或分销商为主；市场衰退期以追求销量的提升为主，由于通路利润的严重不足，大二批或分销商的积极性丧失，这时就要减少通路环节，重新开始开发终端，追求铺货率和能见度。

四、竞争方面

竞争是市场经济的必然，而竞争会让市场及企业更加的成熟。但竞争也有其残酷的、甚至是让弱者无法接受的一面：优胜劣汰。从竞争的角度解读销量下滑，我们会发现：首先竞争是考验一个企业的综合能力，绝不是单一的实力，因为胜利的一方未必是实力较强者。因此，现实的竞争中会出现胜算者决不仅仅是领导者，但竞争的最直接的表现与结果均是销量下滑。其次是竞争就是“拔钉子”。事实上，走向成熟的市场本身就是竞争对手眼里的一颗钉子，拔掉这颗钉子是竞争者的终极目标，仅此一个因素就会导致成熟市场“九死而不会有一生”。何况，更多的企业只愿采摘胜利的果实而不愿再为成熟的市场施肥。

五、市场策略

“观念决定战略，目标决定策略”是个不争的事实。不同周期的市场策略是不同的，成熟期市场的策略与衰退期市场的策略具有本质的区别。成熟期的市场基于经营，为了能够让企业的投入与产出最大化，企业在追求回报的同时更会立足于长远；衰退期的市场基于营销，为了能够让企业在新一轮的投入之后市场产出最大化，必须重新审视市场并捕捉市场机会。

第十节　二三线品牌突围两级跳

一、品牌突围的三个误区

对于二三线品牌来说，继续在品牌方面有所作为或者说突围是一个具有较大难度的课题，因为诸多的二三线品牌走过杂牌路之后对自身品牌建设的下一步非常迷茫，甚至在迷茫中走入三个极端的误区：

（1）搞“大跃进”式的品牌突围，让自己的品牌一夜成功。原因何在？主要是企业忽略了品牌建设的过程，而品牌建设既是积累的过程也是沉淀的结果。

（2）患上品牌“恐惧症”，认为做品牌就要拼命地打广告，做知名度，这样投入高且风险大。而且看着一个个“标王”前赴后继地倒下，也为他们敲响了警钟。事实上，从二三线品牌走向一线品牌确实是不可缺少广告的，但广告不是唯一。反过来说，唯一的广告手段是无法实现一线品牌梦想的。品牌建设和品牌的成功是多种企业多种要素综合作用的结果，一线品牌浮出水面需要企业产品、市场、消费沟通、大众传播等诸多载体作支撑，否则企业辛辛苦苦培育出来的品牌极易成为一个空壳。

（3）成为二三线品牌的企业认为扩大规模和提高销量是企业的头等大事，忽略了品牌建设的重要性。他们认为有了规模或者有了较高的销量就是有了品牌的表现。可以肯定地说，品牌确实需要规模和销量作支撑，但品牌的成功绝不是规模和销量的必然结果。

二、突围两级跳

事实上，二三线品牌成为一线品牌并不是一步之遥，二三线品牌成为一线品牌必须遵循基本的品牌原理完成两级跳，才能让成为一线品牌的梦想得以实现。

一级跳：从二三线品牌走向“准一线品牌”

“准一线品牌”是二三线品牌建设推进的必经之路。那么，何谓准一线品牌？

准一线品牌是相对二三线品牌的比较概念，是介于二三线品牌与一线品牌之间的相对量。准一线品牌的品牌指标量化参数已经高于二三线品牌，与二三线品牌有一个较大的量化数字差，明显区别于二三线品牌。但与一线品牌相比，准一线品牌的品牌指标量化参数却没有达到一线品牌的品牌指标量化参数，想成为一线品牌还必须对品牌持续提升。

如：消费者忠诚度，回头重复购买率的量化指标（二三线品牌、准一线品牌和一线品牌就具有明显区别）。

二三线品牌要想完成到准一线品牌的一级跳，在做好占有市场份额、扩大市场份额的同时，还必须做好以下几个方面的工作：

1. 将标志性产品精心打造为声誉产品

产品是品牌的依托，是消费者对品牌产生忠诚度、美誉度的物质基础。二三线品牌的产品尽管有了一些章法，但从准一线品牌的角度审视，还存在诸多的问题。

一是缺少声誉产品，企业的整体产品没有产品声誉。现实中，一说红烧牛肉面就想到康师傅，提到桑塔纳就想起上海大众，原因何在？标志性产品的作用。康师傅、大众的后续产品为什么大家极易接受？标志性产品提升为声誉产品之后，声誉产品为企业的整体产品赢得了声誉，即“一人得道仙及鸡犬”。

二是产品结构单一。由于产品结构较为单一导致二三线品牌的产品对消费群覆盖面较窄，甚至只对极小的一部分消费者服务。这样，消费者对二三线品牌的认知度低，对二三线品牌的产品接受度、选择率不高，导致品牌及产品的消费公认度差、消费传播面较窄。

三是产品组合不够丰富。即使产品结构较为完善的二三线品牌，也仅仅停留在产品结构阶段，对产品组合没有很好地开发与利用。商品化时代的最大特征就是商品丰富化，而商品的极大丰富使消费者的选择权有了较大的提高，加上消费者的个性、层级分化较快的因素，传统“一（支产品）对亿万（个消费者）”的时代早已一去不复返。企业没有足够的产品组合也就相当于把一部分消费者拒之门外。

就产品而言，二三线品牌要想成为准一线品牌就必须重新梳理自身的产品，从品牌的角度对企业的产品战略、产品策略和产品形象进行检讨，结合品牌突围的需要对上述要素进行规整。

2. 借势借力，以策略驱动品牌提升

就企业的整体能力、实力而言，二三线品牌依然处在刚刚脱贫阶段，并没有足够的支撑让其在经营和竞争中拼实力或能力。学会借势借力是必须的，也是必要的。那么，二三线品牌如何借势借力，以策略驱动品牌提升呢？

一是借通路资源，搭便车。说到底，二三线品牌的通路依然脆弱，通路资源难以支撑品牌建设的需求。如果在激烈的市场竞争中硬拼，肯定要付出沉痛的代价。那么，巧借通路及通路资源就是一个不错的选择。

笔者在服务一个二三线品牌的调味品企业时，受困于企业的通路，就利用同行业一线品牌的经销商经营一线品牌的特点，一方面向一线品牌的经销商展示自己产品的利润空间，另一方面向其阐述通路资源的价值转化，最后终于打动了该品牌的经销商，最后自己所选择的经销商80%是来自于同行业一线品牌的经销商。这样，自己的二三线品牌成功的完成了向准一线品牌的跳跃，也完成了利用借通路资源的方法，使该企业迅速成为准一线品牌。

二是借产品，打造自己的品牌。很多二三线品牌的企业尽管找到，甚至也抓住了消费机会，但受困于自身的产品能力，在品牌建设上始终难以有所作为。由于二三线品牌的实力有限，一边要对内扩大企业的生产规模，以期占有更大的市场份额；另一边对外还要搞品牌建设，加大对品牌建设的投入，使企业处在二三线品牌时就内忧外患。

恒基伟业公司在其处在二三线品牌时，就非常看好掌上电脑的市场前景。由于受既要扩大生产规模又要迅速完成品牌建设的困扰，就从品牌战略的高度，整合了一批生产掌上电脑的企业，利用自己的渠道和品牌资源，力推自身品牌“商务通”，在迅速成为准一线品牌的同时，就一举成为国内掌上电脑的一线品牌。

两级跳：从准一线品牌走向一线品牌

准一线品牌已经具有了较好的品牌及品牌提升的基础，只要做到品

牌经营与建设的职能转变，从功能型品牌向形象型品牌转变，就会成功地走向一线品牌。

何谓功能型品牌？是指以满足消费者日常生活基本功能的产品为主，并以此为品牌塑造的核心，消费者与这种品牌的联系通常是与产品的物质性和基础功能相关联。

二三线品牌和准一线品牌大多是以经营功能型品牌为主体的品牌经营，其品牌建设主要是围绕传播产品的功能为品牌的核心诉求。在消费者的脑海中，成功的功能型品牌只能是某一具体产品的代名词，通常也只能代表某一类产品。这样就使企业的品牌内涵脆弱，不利于企业品牌的提升。

在激烈的市场竞争中，功能型品牌应对的策略只有两种：一是降低消费者使用成本或者不断提高产品的功能，导致企业及企业的品牌建设受困，甚至走进死角毫无退路；二是搞品牌延伸，通过品牌延伸来切换产品，让企业能够有喘口气的机会。

相对于准一线品牌而言，之前非常重要的是市场份额及不断占有更大的市场份额，但成为准一线品牌之后，占有消费者心智远比占有市场份额更有意义和价值。

事实上，准一线品牌只有将自身的品牌成功转化为形象型品牌，并以自身的整体形象拨动消费者的心弦才能成功地成为一线品牌。

一方面，形象型品牌是通过依托产品及品牌的物质基础设计一种形象来创造高于产品的附加价值。具备了这种价值，企业就会站在更高的竞争高度来面对竞争。同时，企业及企业的品牌也走向了更高的层面。

另一方面，形象型品牌为企业及企业的品牌建立了与消费者沟通的主渠道，**准一线品牌必须围绕以下几点始终如一地走下去：**

（1）认知。成功的一线品牌在消费者和意见领袖心中享有很强的知名度，这种知名度引领着其所在的行业。

（2）一致性。成功的一线品牌跨越了地理位置的限制，在视觉、听觉、触觉上都达到了高度的一致性。如麦当劳在全球的形象。

（3）情感。没有情感、没有情感竞争力的品牌绝不是一线品牌。

（4）独特性。强大的品牌体现着伟大的思想，成功的品牌必须在其受众群体中占有独特的位置。

（5）适应性。一线品牌必须具有较强的包容性，做到可以“入乡随俗”。

第十一节　区域品牌突围的五道生死命门

企业不可能停留在某一个规模上，只要企业存在就要不停向上前进。区域品牌只不过是企业迈出的第一步，区域品牌不是企业的终极状态，区域品牌只有走出去才能充分沐浴和吸收更多、更大的阳光资源。

事实上，区域品牌并不少见，但少见的是始终停留在区域品牌又能生存较好的企业。众多的区域品牌因为没有走出去，红火不过三五年，活命不过十多年。在为这些企业惋惜的同时，我们通过探究走出去成为全国性品牌的区域品牌，从对比中折射出区域品牌走出去成为全国性品牌的五道生死命门。

一、战略命门

某种意义上说，区域品牌已经成为称霸一方的“地头龙”，企业走过了创业的初期阶段，利用捞到的第一桶金完成了基本的原始积累。成了区域品牌，企业的生存压力似乎已经消失。创业者及其创业团队已经成了企业开国元勋和功臣，大部分满足于现实开始小富即安，甚至不思进取。

没有了企图心就没有了企业战略思想的原始动力，没有战略的企业注定走不远。同时，也可以肯定地说，没有战略或战略企图心的区域品牌注定会在原地踏步中消失。

区域品牌只有拥有了战略及其战略企图，才能具备全局的思想。只有用全局的思维和眼光才能站在行业及行业未来高度明晰自身的过去、现状和未来。

诸多区域品牌走出去成为全国性品牌可能最缺少的就是战略，没有了战略及战略企图心对于区域品牌企业来说，就意味着缺少发现机会、把握机会的能力。如果一个区域品牌眼中没有了机会则注定会被淘汰。如方便面行业最先成长为区域品牌的几家企业，因为缺少了战略及战略企图心，满足现状，结果在产业发展和竞争中坐失良机，在诸多后来进入者冲出去的时候，自己却陷入了挣扎的境地。原因何在？

区域品牌只有从思想上突围，用战略眼光审视自己并判断未来才能走出困顿，迈进全国性品牌的大门。

二、产品命门

从产品的角度对比区域品牌和全国性品牌不难发现，区域品牌的产品在自己的地盘上，可以说做到了无可挑剔。但如果产品离开了自己的地盘，站在行业或同行业企业对比的角度却不难发现，这种在区域品牌企业里几近完美的产品显得太“小家碧玉”。

从满足消费需求的角度来看，面对更大的消费群体，区域品牌的产品，无论是从消费习惯、消费特性、消费层次与偏好上都很难满足。商品化时代是商品丰富的时代，消费者面对众多的同类产品，充分行使了自己的选择权。区域品牌如果对自己的产品孤芳自赏、感觉良好，用固有的产品面对新的消费群体，应该不会有太多的消费者为你的产品“买单”。

从竞争的角度来看，当区域品牌走出去面临更多的挑战者和打压者时，你的产品会在对比中得到较量。要想在别人的地盘上立得住脚，你必须比别人具有更多的优势，否则，凭什么让你从别人的锅里舀一碗粥。

现实中，部分区域品牌也多次试图突围，最终也都以失败而告终。这里的原因有很多，从产品的角度看：

一是区域品牌的技术与生产能力还不能够生产出质量足够过硬的产品，产品离开自己的地盘经不起检验，更不用说竞争中的“折腾”。

二是产品的功能尚不能满足更多新消费群的需求，区域品牌对自己试图占领的市场缺少前瞻性消费研究，照搬照抄的产品明显没有产品力。

三是企业缺少标志性产品，如果区域品牌没有在行业内具有声誉的产品，不能为企业及企业的其他产品赢得声誉。

所以，区域品牌突围之前要立足于更大范围的市场，推出具有快速成长能力的标志性产品才能实现迅速的攻城略地。

三、市场命门

区域品牌突围的主要表现是拥有更大、更多的市场。具备绝对数量的市场规模是区域品牌突围的第一步，如何迈出去并实现这一步对于区域品牌的突围是至关重要的，也是决定性的。

1. 区域市场规划

对于区域品牌而言，要具备一定规模的市场数量，首先是区域市场规划问题。只有通过对整体目标市场的规划，才能确定行动的步骤、路径。甚至说，区域品牌要想占有绝对市场数量规模，心中必须先装有版图及战略企图。围绕整体需要进入的目标市场，做出整体市场开发、运作规划，然后依据营销策略组合，逐步实施。

2. 整体实施的策略

对于区域品牌来说，具备全国性的市场要过两道坎：

一是如何开发出全国性的市场，找到覆盖全国性市场的经销商也是一项巨大而又艰巨的工程。

二是开发出来的市场如何能够长治久安。大部分区域品牌，或许通过跑马圈地也能开发出来全国性市场，但让规模如此之大的市场持续稳定发展却是众多区域品牌无法逾越的鸿沟。

现实中，诸多的区域品牌在市场大规模扩张之后，又在一夜之间回归原貌令人叹息。究竟如何解决区域品牌的市场扩张既能开出来又能守得住的难题呢?

确定整体市场战略布局，采取“蚕食式”的渗透性开发不失是一种较好的策略选择。通过整体规划和分批分期的开发实施步骤，在确保新市场开发成活率的同时提高新市场开发的效率。

3. 市场运营策略

采取“以市场养市场”的市场运营策略，即围绕分区域建立战略性区域市场开展工作，然后以区域性战略市场为核心串起一定半径内的市场格局。这样，既能实现板块市场的稳定也能确保单个市场的稳定，同时实现板块与板块之间、市场与市场之间的互动和互补，为企业整体市场建立一道抵御竞争的防火墙。

诸多区域品牌，尽管也能建立起来覆盖全国的市场，但由于缺少市场战略和规划，依然在全国建立的是一个又一个的单个市场，在遭受冲击和打击之时，区域市场之间、市场与市场之间相互独立，不能形成区域之间、市场之间的保护，最终肯定难以逃脱被单个击破、整体消亡的命运。

4. 团队命门

区域品牌突围实质上就是企业团队的突围，区域品牌只有建立起足以支撑突围的团队，才有实现整体突围的可能。区域品牌总是在突围时对企业整体的运营系统修修补补，但真正开始突围时很多环节却是关键时刻“掉链子”。

建立企业战略决策和运营监控团队。区域品牌作为中小型的共性就是缺少独立正确的战略决策团队，企业有很多的想法，也有很多宏图大略，但这些东西如何变成清晰的、可以操作的东西，是众多区域品牌的“短板”。就是说，区域品牌不仅需要战略，更需要明确的战略目标和战略实施步骤，只有这样才能保证战略得以实现。同时，建立战略配套的运营监控团队也是区域品牌突围的必要条件，否则，缺少坚定的立场也会导致区域品牌突围的“流产”。

建立基于战略突围的营销团队。区域品牌突围首先考验的是自己的营销团队。

现实中，**区域品牌的营销团队面临突围时存在如下问题：**

一是素质性缺失。缺少站在行业及竞争的高度认识企业的突围，习惯于当顺民而缺少挑战能力，看眼前而忽视长远，甚至害怕或不愿意走出去。

二是技能性缺失。缺少驾驭更大范围市场的能力，习惯于单兵作战而不会也不愿团队合作。

三是缺少突围的营销领军核心人物。成就区域品牌，营销的掌门人基本上已经完成一个阶段与时期的工作，而继续突围让区域品牌成为全国性品牌是一个战略性整体突破，这个时期，对营销的领军人物是一个质的考验。

四是缺少强有力营销主管队伍。区域品牌的建立基于基层市场运作的一线营销队伍，但突围需要基层及一线执行运作人员，更需要能够“护住”区域市场的营销主管人员。

5. 资源命门

区域品牌在一定的区域之内可以体现出得天独厚的优势，可是一旦走出去，自身很多限制性条件就会暴露。这也是诸多区域品牌不敢走出去或走不出去的根源。

不投入，没有更大的投入，区域品牌绝不会有突围的成功。

市场范围扩大了，各种费用就会明显上升，企业的盈利能力就会受到挑战，如果区域品牌继续按照做生意的经营思想对待突围，企业对突围时期的市场支持就会受到束缚。如果资源投入不足，企业不能承受收益方面的压力就很难走出去。

走出区域市场，会受到更多竞争对手的挑战与打压，企业必须咬着牙挺住。区域品牌就像河里的船，经历不了多大的风浪；全国性品牌就像大海里的船，必然会有惊天骇浪。

区域品牌突围，从资源投入的角度来看，资源投入与新的目标必须更匹配，要求企业必须结合自身资源的实际情况与承受能力，做出与突围进度相匹配的资源支持。

值得提醒的是，区域品牌是否能够突围成功绝不取决于绝对量的资源拥有和绝对量的投入，而是看目标及实施与资源投入的匹配度。区域品牌通过有计划、有步骤地突围才是企业成功的根本保证。

第三章

渠道策略：让厂家与经销商共赢

第一节　新市场环境下的渠道变革

一、何谓新市场环境

新市场环境是以物质文化生活得到极大满足，竞争加剧前提下的供需关系环境。**新市场环境包括新商品环境、新消费环境、新竞争环境，新渠道环境。**

传统的市场中，商品环境是以商品核心价值为前提的环境。而新市场环境下，商品环境不仅仅包括商品的核心价值，还包括商品的附加值，或者说更加能够满足于消费潜在需求的环境。

新消费环境是指消费者已经具备信心对称的环境下的消费环境。当然，还包括消费者对商品的认知能力，以及对商品选择的主动权。

新竞争环境是指竞争面临着多层次、对角度的竞争，竞争不仅来自于同行业竞争，而更多的来自跨界型的替代竞争，或者是颠覆性竞争成为竞争的常态。

新渠道环境是指消费多元化前提下的渠道多元化，同时也包括传统渠道被分割前提下的新生渠道。

二、新市场环境下的渠道发展趋势

一是渠道从公共资源走向专有资源，从服务、客情走向利益共同体。渠道成员形成联盟成为必然，最终完成商业联合体建设。

二是现代市场环境下的大渠道时代。随着社会生活的变化，人们消费购买行为和购买习惯也有了很大的变化。以央视的黄金时间段为例，传统的央视黄金时间是指晚上 7 点左右。现在很多产品没有把晚上 7 点视为黄金时间段，因为人们的作息规律变了，夜生活丰富了。

随着生活节奏加快，消费者更注重自己的时间了，时间观念明显发生了改变；购物习惯也变了，购物不仅买东西，同时也是一种休闲。

大渠道观念就是有人的地方就有渠道，因为渠道的本质是方便消费者购买。那么，我们的渠道就要随着消费者的行踪设置，而不是主观的定位。我们会突然发现，高速服务区成了购物区，机场、车站成了商场。

三是渠道多元化时代的到来，多形式、少环节是渠道发展的总体趋势。除了这两年如火如荼发展的电商之外，各种新兴渠道也蔚然成风。渠道将是一种手段，目的是服务消费者，适应消费者的购买需求。

三、如何识别新生渠道的机会

一是从消费趋势看渠道机会，消费行为和消费心理是新生渠道的决定性因素。消费需求决定产品策略，而产品策略决定渠道策略。我们必须依据产品定位决定渠道设置，而不是把渠道和产品割裂来看。

比如，随着人员流动频繁，宾馆酒店也成了渠道主要分支。过去大家很容易忽略这些渠道，但是现在新兴渠道让我们的市场网络分布非常广泛。同时主渠道逐步碎片化，也是不争的事实。

二是从商业模式看渠道机会，同样的产品卖出不同的价值。我们都知道“好想你”是一个以枣制品为主导的企业，而“好想你”通过把枣定位为礼品的商品形态，通过专卖店市场模式完成运作。不仅实现了成功上市，最重要的是完成了产品到商品的价值塑造。

三是从厂商模式看渠道机会，厂商从简单的买卖走向市场化。从渠道的功能可以看出，传统的渠道是交易关系，直白地说，渠道就是卖东西的地方。但是新市场环境下，渠道不仅是简单的买卖交易，而是一种新型的市场化进程，也是一种新型的厂商关系载体。

四是大数据库时代，从消费细分看渠道机会。

从大数据库的角度看，渠道差异化能够塑造企业比较优势。

典型的案例有两个，一个是近两年快速成长的企业，养元饮品——六个核桃。这个企业的起步期是通过餐饮酒店完成的渠道推广，像卖白酒一样卖饮料。这种渠道模式基于两个原因，一个是该企业起步时市场阻力很大，核桃蛋白并没有被大家认可，反而觉得这种名不见经传的企业出了类似于怪物的产品，逼着企业在市场营销方面另辟蹊径。另一个是创业期的养元企业的营销团队，绝大多数有着白酒营销的经历，这并不是巧合。

另一个是雕牌洗衣粉借助渠道崛起。雕牌在洗化行业属于后起之秀。当时雕牌起步时也面临着非常大的市场压力，最主要的就是渠道成本的压力，因为当时洗化产品的主渠道就是商超卖场。进入这些渠道很简单，只要企业承担各种费用就可以。但这对于刚刚起步的雕牌而言，面临两个困境，一是进卖场能不能与当时强大的对手竞争，或者说，消费者能否直接选择雕牌；二是跟进渠道有没有可行性，有没有其他的渠道路径。

经过认真地市场研究，雕牌起步时选择了菜市场而非大卖场。因为菜市场的主要人群是家庭主妇，而洗衣粉的主要购买者也是家庭主妇。依此，雕牌完成了第一步，并迅速发起品牌攻势，成了洗化行业的领导者。

四、经销商如何创造性地抓住新兴渠道机会

一是依托领袖消费创造消费流行。经销商习惯于流通渠道，习惯于大批量卸货。这种传统市场的惯性思维，让经销商缺少了市场推广的思维，以卖货为主导的思想让经销商深陷传统主渠道的危机陷阱。经销商只有改变传统的卖货思维，依托意见领袖实施领袖消费带动工程，才能创造性地实现市场推广和消费拉动。

二是从关联消费中创造渠道。经销商要学会从相关消费的角度创造渠道。如通过红酒完成对咖啡的关联捆绑。

三是渠道跨界化运作。我们曾经在服务白酒企业的时候，通过与婚纱影楼的合作，完成了白酒的操作与推广，因为这是最直接的方式。不仅是婚纱影楼，我们还与蛋糕房一起捆绑，都达到了非常好的效果。

五、如何按照新市场环境进行渠道分类运作

1. 渠道的一般性分类

一是传统渠道，即批零店等。正在被竞争和消费转移逐步分割，传统渠道碎片化，传统主流渠道的产品销量被分割。

二是现代渠道，即 KA，网店等，需要具备不同产品的适应性。

2. 渠道的市场化分类

一是销量渠道。商品 80% 的流经地，是商品销售的地方，取决于现场氛围。

二是推广渠道。商品 20% 的传播地，是产品推广的地方，终端之后做推广是渠道运作的必然。

新市场环境下，我们必须重新定位渠道的功能与价值，即核心渠道决定市场地位，辅助渠道决定消费基础。核心渠道以销量为导向，辅助渠道以消费引导为目的。

第二节　特商战略崛起的原动力

任何事物的发展和壮大都必须有支撑其发展壮大的原动力，特商也一样。笔者从以下几个方面解读一下特商战略崛起的原动力，以让大家对特商的未来有一个更清晰的认识。

一、原动力一：消费多元化

随着社会经济和文化的发展，消费需求得到了极大的满足。在需求得到有效满足之后，基于消费层次和消费结构的因素，消费多元化成为现实消费的基本特征。这种特征下，消费个性迅速凸现，消费主张和消费权利，尤其是消费者的产品选择权这一核心权利日益彰显，这不仅带来了消费制胜的市场时代，也让我们的企业因此真正明白了什么才是真正的顾客就是上帝。

消费多元化的本质就是需求个性化，个性化带来多元化。因此，我们的企业不断开发定制产品，专属产品。多品种、小批量成为企业的产品策略。需求多元化下、产品多样化成为一种必然，产品多了自然就为我们的特商借助自身市场资源拓宽产品领域提供了机遇。

由于产品市场的快速发展，大量的产品开始在原有的渠道商之间形成竞争，这种竞争带来的原有厂商之间的博弈。这种博弈的背后厂家显现出弱势地位，厂家开始寻找新的合作伙伴，以期最大化占领市场份额。而特商群体的出现成为厂家选择合作伙伴的首选。

二、原动力二：完全市场化

完全市场化是中国经济发展的必然。中国经济体制改革的基本点就是完全市场化。完全市场化的直接目的就是让看不见的手成为市场资源的主宰，成为分配的基本要素。

我们知道，全球一体化也加快了中国经济体制改革的步伐。近几年，中国政府推动政企分开，推动行政事业单位企业化的力度非常大，如新闻媒体实现制、播分离，烟草、盐业等单位实现企业化，而企业化的本质就是市场化。

这种大背景之下，我们的特商群体迅速出现，他们从某一个专注的领域开始思考自身的生存与发展，开始在市场化的前提下规划自己的未来，这是特商战略崛起的重要原动力。

同时，完全市场化之后，我们的特商开始整合自身资源，完全投入到市场运营之中，他们的目光不仅仅盯住自身所在的领域，更是善于捕捉相关领域的发展，尤其是产品市场的发展。而善于发展相关领域产品市场也是特商拓展产品领域起步期的特质。

三、原动力三：渠道多元化

某种意义上说，市场的发展就是渠道形态的变革和发展。中国从最早的计划经济时代单一供销体系，后来逐步崛起了个体户、批发商、经销商、运营商，也从日杂店、副食店走向了大卖场。眼下，网商和物流商也在迅速崛起。

渠道多元化是市场发展的基本标志，也是市场发达程度的基本体现。诸如我们今天耳熟能详的名词，夜店、特通、后备厢，以及我们为之惊叹的跨界，这些都是渠道形态发展的必然产物。

在完全市场化的背景下，笔者一直以来的观点就是有人的地方就有渠道。消费者购买行为的变化，催生了市场渠道的多元化，消费者生活习惯的改变也催生了诸如网购以及夜店等渠道的战略崛起。

渠道多元化是必然的市场趋势，为特商借助自身特有市场和渠道体系拓宽产品领域、引入新产品提供了基本的原动力。如报社实施办报和发行完全独立后，发行部实现了完全市场化，那么报社发行部就可以在完成报社发行任务的前提下，开始引入相关产品，实施市场化运作。据笔者了解，很多地方报社的发行部都开始经营相关产品，并且成为这一产品领域市场运营的主力军。

四、原动力四：资源独有化

无论是政企分开后的特商群体，还是跨界的特商们，他们都在一定的市场领域内形成了一定的市场地位和独有的市场资源。并且很多特商借助自身原有且独有的产品资源，形成了对新领域的产品操作的比较竞争优势。如盐业系统借助食盐产品的独有性，实施新产品带动战略；烟草系统利用卷烟产品的独有性，实施新产品带动战略。如房地产商进入白酒领域，房地产商进入汽车销售领域，以及其他领域的特商，大多以资本商的形式进入新的产品领域，目的就是借助自身独有的市场资源能力，形成自身新的经营领域。诸如中石化利用其原有网络形成了易捷卖场的独特优势。

特商借助自身的产品独有性不仅形成了自身的比较竞争优势，而且还具备强大的市场网络体系，这对引入后的产品成功操作是一个强大的支撑。

五、原动力五：运营专业化

相比行业内的传统经销商而言，特商非常具有专业化的优势。

一是市场研究的专业化。特商对市场的研究具有很强的能力，因为绝大多数特商对新领域的产品具有很独特的市场认识，同时他们也具有很强的市场机会认知，避免了传统经销商的固化认知。当然，特商对新领域的产品操作也具有很强市场创新能力。

二是团队专业化。特商不仅拥有强大的团队规模，而且团队的专业化程度相对传统经销商还比较高。笔者了解诸如盐业、烟草和报纸媒体发行部而言，他们在一个地区级的市场都拥有超过百人的团队，这些人可以从地级市遍布到村镇市场，而保险公司向村级都派驻了保险员。同时由于特商不是一个单个的个体，他们具备总部能力，并且他们经常组织学习、培训，团队专业化能力较强。

三是管理专业化。诸如盐业、烟草企业而言，他们都有很严密的市场管理体系和考核体系。笔者了解，烟草公司的市场管理规范程度不仅高于传统经销商，而且高于很多制造企业。如烟草公司在每个零售店里都有一个签到本，要求在送货的同时必须在零售店里的签到本签到并注明市场管理的内容，包括顾客建议等等，同时把这个作为行动管理的纲领。

四是经营专业化。特商进入新的产品领域不仅能够将市场资源转化为比较竞争优势，还能够发挥自身的经营专业化优势。诸如烟草、盐业、石化等特商，他们都具有专业化的经营体系，引入新产品后基本不增加多少经营难度，同时也不会增加相应的经营成本。也就是说，特商引入新产品之后，具备低成本运作市场的能力，因为相对物流、人工等成本而言，不会有太多的增加。

第三节　诊治经销商零售终端欠款顽症

厂商之间的欠款和“三角债”，已经随着市场经济的发展及国家金融体制的完善基本得到遏制，但经销商在渠道环节上的欠款，尤其是在零售终端的欠款大有日趋蔓延之势，这种现象已经成为经销商发展的威胁。因为大量的零售终端欠款导致经销商的资金链断裂，资金周转困难。但这些零售终端多、散、乱的特征，导致一是要账难；二是因关门转让、倒闭逃跑呆账多。经销商一年到头，一算账，要么是赚回一堆白条，要么算着挣的钱最后打水漂了。结果，我们的经销商苦不堪言。

为什么会出现这种现象呢？笔者经过大量的走访与分析，得出如下结论：

一、零售终端欠款的病因

导致零售终端欠款的原因大致有以下几种：

1. 盲目追求渠道扁平化，神化终端制胜

市场竞争越来越残酷，处在上游的企业开始追求企业自身的渠道扁平化，在这种大的趋势下，企业不是根据每个市场的具体情况来指导经销商渠道运作，而总是一刀切地指挥所有市场的经销商开始自身的渠道扁平化，所谓市场运作的重心下移。结果，经销商的工作量不堪重负且经营成本日渐上升。

这种工作不但没有给经销商带来好的经营业绩和利润，反而导致业绩下滑、利润下滑。更为严重的是，原本依靠二批和分销商还有销量，经过运作零售终端得罪了原有的二批或分销商，造成了销量下滑。这种“吃独食”的做法，违背了商业流通的基本模式与路径，忽略了各个流通环节本身不可替代的作用，导致了市场运作进入僵局。

2. 经销商缺乏对零售终端的有效管理能力

通过长时间的流通渠道运作，大部分经销商已经具备了管理二批和分销商的能力，但由于缺少直接与零售终端的沟通、了解，大部分经销商对零售终端的特征认识不足，造成对零售终端的开发、运作和管理方法单一、手段错误。随着商业流通模式的变革，经销商对超级终端市场的运作更是被动。

另外，由于零售终端网点具有多、散、乱的特征，开发、运作、管理和利用的难度很大，经销商和其手下人员只会“跑单帮”送货，不会收账与控制，造成大量的零售终端欠款在一片倒闭逃跑、关门转让中流失。

3. 经销商没有找到撬动零售终端的支点

大家都知道杠杆原理，只要能找到支点人能将地球撬起来。但经销商在对零售终端开发运作中没有找到撬动的支点，造成被动运作零售终端，这种盲目运作可以说成是经销商自己运作出来的困难。

由于缺少对零售终端的分析与判断，或者经销商自身经营产品所限，即经营的产品本身就不适合进行零售终端市场的运作，最后只能搬起石头砸自己的脚。

笔者在走访的过程中，碰上一个叫苦连天的经销商，因为他所经营的二线品牌进入了很多超市终端，自己也花了很多的进店费、堆头费、条码费，结果不到两个月被一线品牌给挤出来了。更让他痛不欲生的是在城区开发了400多个零售终端，给了陈列奖、展示费，又雇了一帮人对零售终端检查指导，结果也是产品包装都搬拦了，产品依然卖不出去。他一问零售终端的人员，他们说：顶头二批的货不能不卖，否则顶头二批的其他产品就不会再给他送货。最后的结果是，任凭他如何去做工作，自己的产品还是被退了回来。

4. 过分对零售终端压货，超出零售终端的付款能力

追求铺货量，认为铺出去就是卖出去了，没有认识到过量的铺货实际上是一种仓库转移，只有消化掉的产品才是“净销量”。经销商必须十分了解每个网点实际消化产品的能力。否则，只能用两种手段压货：一是欠账，我卸了货，你打白条我走人；二是促销，要就给你，只要能多接我的货。

事实上，零售终端运作主要追求的是铺货面，而不是单个网点的接货量，因为只有产品铺货面大、市场覆盖率高，才能迅速地让产品实现流转与消费。铺出去的产品再多，如果没有形成足够的消费接触面，产品也很难实现畅销。

二、给经销商零售终端开处方

做生意可能做不到绝对没有欠账，但做生意肯定能做到最终没有烂账。经销商防止零售终端欠账必须做好以下几个方面的工作：

1. 不盲目开发运作零售终端，要量力而行

经销商在决定开发运作零售终端市场之前，必须自问：我能不能或者说该不该开发运作零售终端市场？回答这个问题，经销商必须盘点自己的资源。如果自己具备了以下三个要素，就可以展开零售终端开发运作，否则必须慎重做出选择。这三个要素为：

一是经营的产品在零售终端占有优势或者说自己经营的产品是行业中的一线品牌。

二是自己拥有足够的人力、运力、运作力、管理力。

三是推广运作的产品有足够的利润空间。

值得提醒的是：没有一个经销商是为了长期开发运作零售终端而运作，尤其是我们的大流通批发商。我们更多地是为了形成终端零售价格和最快速度的让产品实现消费认知、认可、购买而开发运作零售终端。

2. 找到撬动零售终端的支点，杜绝以欠款为代价

零售终端之所以提出欠款，主要原因是对你所推介的产品没有动心，或者是产品以外的销售政策不足以吸引他们的注意力，不能使他们产生强烈的经营欲望。你在没有其他措施和办法的情况下，才以欠款为撒手锏进攻零售终端。

说句实在话，往往是推介产品的人信心不足或不会挖掘产品自身的卖点才会做出不断的让步，否则，推介产品绝对会用自己的激情点燃零售终端，从而化解买卖双方的对立而走到一起，达成交易。

同时，自身产品的消费群定位也是撬动零售终端的支点。如果我们能把我们的产品所具备的广泛或独特的消费群推介给零售终端的销售者，再告诉零售终端如何向这些消费群推介，这本身就是一个较好的支点。

3. 适量卸货，少卸勤送

由于零售终端以零售为主，且自身的实力有限，我们必须根据其实际的销售能力决定每次给他们卸多少货，多长时间送一次，决不给他们施加过大的库存压力。只要照着少卸勤送的原则，我想，零售终端不会因为十元二十元而欠你的账。

4. 建立零售终端的账务管理体系和责任体系

有问题不可怕，可怕的是发现不了问题或找不到问题发生的原因。同样，有了零售终端的欠款不可怕，可怕的是没有一个完善的零售终端账务管理体系和责任体系。如果能够建立零售终端的账务管理体系和责任体系，即使有了账务也不会对经销商造成损失和威胁。

那么，如何建立零售终端的账务管理体系和责任体系呢？首先建立防止零售终端欠款的“禁令”，杜绝随意答应欠款；其次是建立谁欠谁收，限期收回的责任追究体系；最后是建立专项零售终端欠款动态跟踪体系，对欠款对象、欠款是否按约定收回进行动态管理，做到天天催、时时要。

第四节　如何面对功能缺失的经销商

一、企业和经销商之间的问题

现实中确实普遍存在功能缺失的经销商，同时这个问题也一直困扰着企业和企业的营销管理者，这种经销商直接阻碍着市场的发展和提升，但大多数企业并没有解决这个问题，原因是：

（1）厂商之间的职责模糊，在买方市场的压力下所有的担子都有企业一方扛。

（2）企业或企业的营销高层对该问题认识不够，没有认识到此问题是阻碍市场发展与提升的主要因素，总是认为自己的产品、促销、团队不如别人好。

（3）一线市场人员在服务或管理经销商的过程中没有认识到经销商是市场运作的主体，且只有经销商的功能健全、职责完备才能保证市场的良性发展。在实际中，他们要么一味地迁就忍让，要么就束手无策。

（4）市场转型和渠道变革的因素，市场竞争程度的加剧致使传统经营思路和手段失效，忘记了过去是做生意、现在必须做市场，渠道变革致使过去只会在流通做批发的经销商渠道体系缺失。

二、如何面对功能缺失的经销商

经销商的功能缺失大体可以分为软功能缺失和硬功能缺失两种：所谓软功能缺失即素质性功能缺失，指经销商的能力方面，主要包括经销商的经营理念、经营思路、市场意识、市场开发与管理能力、商号文化、经营机制、管理体系、新产品推广能力、团队建设等；硬功能缺失即经营条件缺失，指经销商的经营硬件设施与条件，主要包括资金、仓储、物流力、网络力、团队力、经营绩效与现状等。

现实中，功能缺失性经销商对于每个企业来说都非常普遍，也是困扰企业和市场发展的主要问题，究其原因有两个：

一是企业或企业的营销管理者没有真正重视对经销商的提升与改造，只是一味给予财力支持而缺少功能扶植性支持。

二是市场转型和竞争加剧，经销商没有认识到自身变革的重要性和必要性，而服务于他们的一线市场人员也是只顾低头拉车不顾抬头看路。

那么，究竟该如何面对功能缺失性经销商呢？

1. 晓之危机，迫使经销商猛醒

我们的市场人员首先要明确地告诉经销商，目前从功能上讲其哪些功能尚存在缺失，这些功能的缺失对自己和市场的危害是什么，如果得不到改善最后会出现什么样的恶果，并进一步指出要想弥补这一具体功能缺失的具体做法是什么。只有这样开门见山，一针见血地告知才能让经销商猛醒并引起足够的重视。如果碍于情面说话躲躲闪闪，耽误了时机是小而阻碍市场的发展造成厂商的损失就是大问题了。但实际中，大多数营销人员要么忽略此问题的存在，要么给经销商谈及此问题时犹抱琵琶半遮面，要么束手无策满腹牢骚。

2. 整合资源，强行突破

由于受市场转型和商业业态变革的影响，传统经销商单一的、简单的贸易行为根本无法适应现代市场的要求，到了今天几乎所有的传统经销商都面临着对自己的功能缺失进行“大补”的课题。但要想真正补了且又能消化，不出现新的不良反应，厂家必须协助经销商整合资源，聚焦所缺失的功能，下定决心重点突破。

3. 整合经销商，寻找互补或替代

经常听到有同行感叹：撼山易、改变经销商难。事实上，不论是市场竞争加剧还是厂商作为矛盾的共同体，利益依然是两者之间的风向标，当一方危害到另一方利益或者成为一方发展的阻力障碍时，抗争甚至分手也是在所难免的。市场经济的前提下，任何人面对环境只有改变、适应和脱离三种选择，厂商合作也不例外。不妨采取如下方法：

一是寻找功能互补型的经销商，按照“1+1客户”的模式实行双客户制。根据目前经销商流通渠道功能缺失的现状，借助自己的市场基础、品牌和产品的影响力明确挑选一家流通渠道网络力特别强的经销商，让他与现有的经销商形成渠道互补，一方面强化市场的能力，另一方面也对现有的经销商构成压力和威胁，用外力来推动该经销商的进步。值得提醒的是实现互补经销商合作时，既不能影响现有经销商的合作积极性，又不能使他们之间因冲突而对市场造成冲击。

二是整合经销商，即寻找非功能缺失的经销商对现有经销商进行替代。这是迫不得已的方法，因为非功能缺失的经销商一般都是大经销商或者非常优秀的经销商，这种经销商极可能已经有了自己的主导品牌，还可能有能力但没有配合度。如果不能对这样的经销商有一个全面、准确地把握还极有可能掉进陷阱——把你的产品故意压死在仓库里，以期消灭你来保护他们的主导品牌。所以，即使到了非换经销商不可的地步，也最好选择没有同类产品的经销商才是最安全的。

第五节　五大杠杆，让经销商动起来

经销商管理是市场管理的主要工作之一，事实上，很多营销人员都在这方面给经销商玩老鹰抓小鸡的儿童游戏。尽管大家也煞费苦心但始终没有找到让经销商产生自动自发地合作行为，总是出现拨拨动动、松手就停的现象。究其原因，除了市场和经销商自身的客观因素外，肯定存在营销人员对经销商和经销商作为商人所从事的活动的本质缺少认识。因为追求利润是商人永恒的目的，利润是商人之魂，无论什么样的情况都不会发生本质性的变化。这就要求无论是管理还是服务经销商都必须遵循这一事物本质性的客观规律。

这里，笔者以经销商经营活动的本质为核心，从财务的角度提出撬动经销商的五个管理和服务手段。

一、经营杠杆，让经销商心动

案例：小张是一家方便面企业的市场开发专员，由于所在的行业几乎处于寡头垄断期，作为中小型企业开发市场的难度较大，谈了很多市场的无数个目标客户之后仍然一无所获，月底空手而归。

当了解情况之后明白：他谈判的主要内容是和经销商谈现实生意，结果他所在的企业无任何优势可言，无法打动目标客户，更无法让他们产生合作的欲望。而事实上经销商大多以生意人自居，既然是生意人，那就是从事一种买卖并赚取商品差价的活动。

市场经济的今天，竞争已让这种从事简单交易的传统经销商没有了生存的余地。营销人员必须让经销商明白：用经营思想并开展经营性的活动才能真正在赚钱的同时得到发展。这就要求我们的营销人员在管理和服务经销商的时候，必须从财务角度的以下几个方面，拿出经营杠杆撬起一幅美好的发展前景。

（1）谈经营绝非单纯的生意。用经营的无形和有形收益来转变经销商观念，不能追求单纯的现实利润要看到长远的利益，因为经销商经营任何产品的回报绝非利润本身，还有分摊经营成本、增加网络覆盖度、加强自身竞争力和季节性经营互补之无形利益，而这些利益就是赚取利润的基础。

（2）谈发展绝非单纯的现实。用前景激发经销商的欲望，因为生意更多立足于现实而经营主要是基于未来。立足于现实更多的是以一种静止的思想看待市场，很难看到生存和发展的希望；立足于未来就能够去动态看问题，也会有更多的主观能动性体现，不仅能看到前景还能增强实现目标的信心。

二、预算杠杆，让经销商联动

案例：一家冷饮企业的业务员刚接手一个较薄弱的市场，经过与经销商的沟通发现，之所以市场薄弱没销量是因为经销商没有热情而将产品作为补充产品经营。为什么经销商没有热情？因为他没有挣到钱也不知道怎么能挣到、能挣到多少！后来业务员给该经销商做了一个市场运作的预算方案，主要告诉经销商做什么品种、做多少、投入费用多少、赚取利润多少、怎么实现等。经过业务员与经销商的共同努力实现了目标和指标，市场很快有了较大的发展。

俗话说：凡事预则立，不预则废。因为只有通过预算知道努力拼搏之后会有什么样的结果，才能激起斗志。如果没有现实的利益驱动也没有目标做指引，做事绝不会有动力。所以营销人员通过预算杠杆，预测经销商未来投入和产出的情况并根据这一目标制定出行动计划，让经销商时时处处心中有谱才能撬动经销商付出行动。

三、核算杠杆，让经销商自动

案例：在一家企业的年度营销人员成功经验总结会上，一个年度工作非常优秀的业务员说出他的成功经验：就是自己做客户的兼职会计，给每个市场的经销商建立一本明细账并定期给经销商通报分析这一段产品、费用、利润、资金周转、投入和产出情况，结果经销商就会根据他的核算情况进行产品经营和市场运作，所以经销商的积极性和主动性很高。

事实上，很多经销商只知道埋头拉车，不知抬头看路。年头忙到年尾从来不算账，因为他们认为仓库门锁的很牢固，掌管大权的都是自己人，没有“二心”，只要卖出去挣钱肯定年底挣钱。事实不然，因为只有经营过程中的每一天明白自己的利润情况才能在年底真正的挣到应该挣的钱，如果仅凭想当然，结果不是“1 +1 小于 2”就是一堆烂账、白条。

通过核算杠杆，不仅会增加经销商当期收益还会帮助其搞好长期经营，让经销商始终处于自动的经营行为之中。

四、费用杠杆，让经销商感动

案例：新业务员小刘因为连续半年业绩好且费用最低被公司破格提拔为区域经理，在会上他向同事们介绍他“留一手”经验时博得满堂彩。原来小刘把公司给的费用分为若干部分且都有不同的说辞，当他每给客户一次客户总会达成一项要求，当还有一部分费用没用时客户的所有销售指标都完成了。而碰上目标或工作的难度大事时，他就从节余的费用中拿出一部分用上，结果客户不仅按要求完成销售指标还感动的“鼻涕眼泪一大把”。

实践中，不乏遇上爱占小便宜和永不满足型的经销商，他们或认为厂家的费用就像海绵里的水只要挤永远都有，或觉得给他的永远都是最少的或不公平的。怎么办？小刘的“留一手”就是对策：一是因为一次给到位，无论是多少经销商总感觉“意犹未尽”，或者为了多要费用就给你讲条件、讲价钱；二是因为企业的费用不会考虑到具体市场实际需要，难免在特定的市场上出现过多或过少的现象，营销人员必须对费用进行控制和二次分配使用，这样既可以避免浪费又可以自由调节。通过灵活使用和控制费用杠杆也是撬动经销商的一个支点。

五、价格杠杆，让经销商主动

案例：某方便面企业在推广一个新产品，结果出现了常见的病症——“花斑癣”，即同一区域市场出现了很快成为主导产品和到处退货直至退出市场的现象。我们在调研过程中通过对比通路价格设定找出了原因：原来同一产品在同一地区出现两种不同通路价格体系，而成功市场通路的每一环节价格均比失败市场的价格高出 1.50 元/箱，成败也就因为这个差别。因为高价的市场采取了高促销的策略，通路利润高而产品流通周转动力大，同时遇到竞品的打压也有了还手的力度；相反，低价而失败的市场是因为价格过早透明且遭遇竞品打压时通路动力不足所致。

有一个基本的价格定律：一是市场上卖得好的绝不是价格最低的产

品，而是市场表现最活跃的产品。怎么活跃？肯定是价格空间大、有余地，低价的产品因为靠低价刮一阵风就过去了；二是便宜的产品未必好卖，而让消费者、销售者觉得占了便宜的产品才好卖。怎么让他们占便宜？肯定少不了价格设定策略。

实际上，经销商总是期望厂家的产品价格最低、品质最好，并且缺少二次定价的能力和策略。总是把厂家产品的价格加上自己的基本利润就是出手价，甚至还有经销商直接出售的价格就是“裸体价”。这种作法只会出现两种让营销人员十分痛心的结果：一是产品铺出去就死，因为通路动力不足且经不起竞争对手的一点折腾；二是产品卖成功之日就是产品走向死亡之时，因为价格空间小，价格随着产品成长而递减的基本规律制约的必然。

产品只有在正确的价格策略指导下制订出适合的价格体系，给产品的价格杠杆找到支点，才能让经销商操作产品时避开价格陷阱。同时，经销商只有抓住产品价格的主动权才能抓住市场操作的主动权。

第六节　如何将渠道能量转化为销量

渠道建设已经成为诸多企业营销的核心，渠道也被冠以“王”或“宝”字，纵然无可厚非但也似乎有了走向另外一个极端的迹象，企业或企业的营销部门对渠道的占有欲望可以演化到“掠夺性”进攻的地步。但企业在一阵狂拼之后就应验了我们挂在嘴边的那句话：得不到时充满渴望与憧憬，得到时就不珍惜。企业在渠道开发和培育方面做到了无以复加的地步，但企业对渠道的巨大投入所聚集的渠道能量没有被转化为市场产出或销量，企业就想当然的开始收兵或周而复始地做无用功——继续渠道开发或培育。就像烧锅炉一样，锅炉工一个劲用铁锹向炉子里不停地加煤，根本等不到煤燃烧，发现火势不旺就继续添煤，结果会怎么样？肯定是炉子里堆积大量的煤而导致炉子熄火。

企业在重视渠道建设的同时必须避免渠道因为资源投入过剩而导致“熄火”，这样就要求企业或企业的营销管理者必须把渠道里的“煤”（能量）转化为“热量”（销量），即把渠道能量转化为销量，怎样才能将渠道能量转化为销量呢？

一、正确认识渠道运作周期

现实中，企业对渠道运作周期的认识缺失，致使企业渠道管理处于自然状态，一线营销人员只是一味地进行渠道开发或培育，忽略了渠道开发或培育的真正目的是追求渠道产出。这种片面的、无目的的惯性工作，即促销、促销、再促销，拜访、拜访、再拜访，就像养奶牛一样，饲养到该挤奶的时候不去挤奶，不但现有奶没有了而且新奶也不会产出。这样，不仅浪费了资源还会导致奶牛光吃饲料不产奶。

实际上，渠道运作管理周期可以分为三个周期，即渠道能量聚集期、渠道能量转化期和渠道能量释放期。

首先是渠道能量聚集期。所谓渠道能量聚集期是指企业渠道开发时期。这个时候，企业结合产品与消费、竞争环境与自身实际情况之后，开始对渠道投入人力、财力、物力进行开发并铺货，但当期这些渠道并没有明显的或相匹配的产出，这个时期企业的投入就是为聚集渠道能量。

其次是渠道能量转化期。即渠道培育和养护时期，在渠道开发期结束之后，渠道成员、消费者对企业或企业产品开始逐步认知、认可，但渠道中并没有真正形成重复性购买。而渠道培育和养护的过程即渠道能量转化期就是逐步形成重复性购买的过程，实际上，这个过程是逐步转化前期渠道投入资源的过程。

最后是渠道能量释放期，是指企业经过对渠道的开发与培育，再经过持续地对渠道进行培育和养护，当企业对这些渠道不投入或减少投入而出现市场销量持续上升的时期。前期企业投入的资源经过转化与发酵，市场能量得到有效地聚集，销量产生是自然的。可是，大多数企业没有耐心或者根本等不到这个时期，又开始新一轮的工作了。

如果企业能够正确地认识并运用渠道运作管理周期，不仅能够避免不必要的资源投入，节省企业资源，还能为企业赢得竞争优势或时间成本。

二、以渠道运作周期为核心制定渠道运作与管理方案

当企业正确认识和理解渠道运作周期之后，在渠道开发、运作和管理方面，尤其是在新产品推广或新市场开发时，就必须依照渠道运作周期的规则采取相应的渠道工作策略，明确规定每个时期的主体工作和目标。

1. 渠道能量聚集期

能量聚集期是企业渠道开发的投入期，企业必须站在战略的高度认识这个时期的工作，拿出非常规的费用策略。找到渠道开发期的费用投入敏感区间，让自己的投入能在竞争的动态中发挥作用。避免过于谨慎而导致“紧缩银根”，在运作期对渠道投入的力度“不疼不痒”。这种“不疼不痒”的费用投入一方面会在渠道中打水漂，另一方面还会延误企业的市场机会。营销人员必须做好这个时期的投入预算和工作规划，在保证开发期费用投入到位的前提下，确保工作做到扎实、到位、有效。值得提醒的是，渠道开发期单凭费用投入也是无法确保完成这一时期工作目标的，相反，工作做不到位费用根本不会发挥作用。企业花钱可以在成熟市场买回来一时销量，绝对无法靠花钱买回来空白市场，因为空白市场是开发、推广、运作出来的。

企业和企业的营销人员，要避免急于求成。在巨大的市场竞争压力之下，企业一般都会自觉不自觉地追求投入与产出的现实性，这时就会在导致先期投入上没有转化的情况下鸣金收兵。就像大家熟悉的浑水摸

鱼一样，当你想等水没浑时就抓鱼反而看不见鱼儿漂在水面，当你转身离去时水面已经鱼儿一片了。

2. 渠道能量转化期

现实中，在渠道开发期结束后，大家迫不及待的跟进补货或对渠道开始强行压货，恰恰会造成渠道成员骨子里的抵制与排斥，营销人员甚至会对渠道成员痛斥：我们刚刚给你那么多促销和费用，你就翻脸不认人了。

在渠道能量转化期，营销人员的主要工作是对渠道养护，围绕回访、观察和分析深入开展渠道工作，这个时期必须忘掉当期销量为明天的销量做准备。

如果我们忽略了渠道运作的周期性，企业迫于竞争压力，营销人员迫于目标或既得利益的压力，都会继续给渠道投入支持。相反，这种支持不仅不会给企业带来相应的销量，反而会导致连基本的销量都不会有。如果企业或企业的营销人员明白渠道运作的周期性，清楚自己渠道运作的周期，就不会惊慌失措或盲目再投入，也不会每天用挤牙膏的方式来追求当期销量，并且还会惊喜地发现：工作做到位销量就是自然的。

片面追求渠道工作，误认为渠道工作是一个“点”上的工作而非“面”上的工作，把渠道工作看成一个周期性工作就会避免渠道工作不连续的误区，同时还能做到有目的地推动渠道的持续性建设。只有连续性的渠道工作才能让一线市场工作连续，才能让渠道从开发、培育、养护走向能量释放，进而使渠道工作在一个正确轨道中周而复始。

3. 渠道能量释放期

经过前两个周期，企业或企业的产品在渠道中已有了较强的生存基础，产品与渠道已经完美地与消费者结合，这种结合且趋于成熟。只要围绕以下几点持续、深入地做工作，就可以收获渠道胜利的果实。

一是做好强力铺货并进行适度压货，我们不用担心产品的消化问题，并且适度的压货可以避免竞争对手钻空子。

二是从核心渠道成员中“榨”取销量，根据218原理向主体的渠道核心成员要销量。

三是加大工作量，最大限度集中人力、运力做好“抢收”工作，确保颗粒归仓。

四是做好分流工作，避免渠道环节之间出现“肠梗塞”现象。一方面围绕二批商产品的分流做好终端推广；另一方面围绕终端零售商销售做好消费者购买拉动，实现产品在渠道的各个环节上流通顺畅、自然。

第七节　渠道连锁：落地才能生根

渠道加盟作为商业运作和企业经营的一种主要形式，固然有着自身的生命力。但诸多渠道加盟企业盛极一时却毁于一旦，这种短命现象令人扼腕叹息。同时，看到更多的渠道加盟企业尽管也干得如火如荼，但仔细窥探却也令人心惊。我们自问：为什么渠道加盟企业在起步时如出一辙，最终的命运又是殊途同归？从某种意义上说，渠道加盟企业追形式、讲概念，太过务虚缺少务实，在经营上急功近利而又缺少可持续的发展理念。

无论什么样的渠道加盟，只有落地才能生根。这里从渠道加盟企业的产品、经营、运行和发展的角度解读渠道加盟，以引起大家的思考。

一、把核心产品落地为声誉产品

通常看，渠道加盟企业都始于某一产品或产品运行的形式，无论这款产品是基于形式还是概念上的，经营者都会基于产品的某一点将其放大或赋予某种使命，或承载某种概念。经过产品和运行形式的发展，这种产品逐步升级为所谓的核心产品。这个时候，我们便开始了运行上的升级，即渠道加盟。

事实上，渠道加盟无论是产品上还是运行上远没有那么简单。因为产品是渠道加盟企业的灵魂，渠道加盟企业必须把自己的核心产品培育为声誉产品才能真正拥有自己的灵魂。

什么是声誉产品？

我们必须先从声誉说起，声誉是什么？简言之，是社会公众对企业（产品、品牌）的认知与评价，是企业的整体性无形资产，是企业在与各利益相关者（包括政府、社会团体、供应商、顾客、投资者、竞争对手以及企业内部员工等）的行为关系中所形成的公众综合印象。可以这么理解：

（1）声誉是被感知的，包含有主观的成分。

（2）声誉是许多利益相关者感觉的集合，而不是少数几个人的评价。

（3）声誉是一个与其他竞争对手相比较的相对量。

声誉产品就是企业的标志性产品，为企业不断赢得产品声誉的产品。声誉产品不仅仅是因为它是企业的拳头产品，能够帮助企业雄霸市场、无往不胜，更重要的是由于它的存在，能够起到“一人得道鸡犬升天”的效果，为企业的所有类别产品赢得声誉。甚至，企业声誉产品是企业品牌的基础，没有产品声誉作基础的品牌，只是一个知名的商标。同时，如果没有声誉产品支撑，再知名的品牌，也会最终走向衰败。

声誉产品所以重要，关键在于它既是企业产品声誉的支柱，又是企业品牌的支柱。很难想象一个所有产品市场表现都平平淡淡的企业能够赢得产品声誉，能够托起企业品牌。

渠道加盟企业只有将自己的核心产品培育为声誉产品，且声誉产品为自己整体产品赢得产品声誉的时候，才算有了真正的生存基础。否则，仅仅拥有了一个并不十分成熟的核心产品，就开始所谓的渠道加盟最终只能是丢了夫人又折兵。

二、把速度、规模落地为健康、持续

不断有渠道加盟企业爆炸性新闻式地宣言：我们的速度是百分之几百，每月甚至每天完成数倍的扩张；我们要打造“沃尔玛”式的加盟航母，宣称自己的规模是几何倍数的增长。

这种狂躁的背后暴露出很多值得深思的问题：中国最早的亚细亚商场，四处扩张建立品牌店战略，由于人才匮乏、管路混乱，出现总部负责文艺宣传的部长出任某新开分店的总经理，仅此一点，亚细亚的最终结局也是可以理解的。同样，以叫板“麦当劳”的中式快餐“红高粱”也是以惊人的速度、规模的扩张战略定位，由于人才匮乏、管理混乱，出现分店、加盟店采购的原料高于市场的数倍，也不难理解它最终的命运。

渠道加盟，尽管是一种较为先进的经营模式，可以迅速实现企业的规模扩张，但绝不是无条件的。他要求渠道加盟企业在经营好总部这个“母体”之时，才能实现自己的“分娩”。否则，“母体”尚在发育并未成熟之际，就开始怀孕并早产是很难保证渠道加盟的“母子”平安。

大多数渠道加盟企业单一的、片面的追求速度和规模，出现涸泽而渔、饮鸩止渴的短期行为。如果这些企业能够考虑到不计一时一事的得失，注重健康、持续的发展理念，渠道加盟这种形式绝对会谱写出企业的新篇。

三、把“母体”或“个体”的私利落地为群体的共同利益

渠道加盟是在“母体”成熟的基础上分化出来的“子体”。这种“子体”如果继承了母体的基因并吸取了足够的营养，也会茁壮的成长、成才，从而实现对母体的回报。不幸的是很多母体不是计划性生

育，而是认为多子多福，结果出现两种情况：一是子多母瘦，苦难受够；二是有人生没人养，“孩子们”流浪街头。

渠道加盟是一种“输出式”的经营，这种输出是一种综合性的输出，是依靠母体强大的能量作支撑。现实中，大多数渠道加盟的输出是一种形式上、表面上的输出，就像给小孩喂奶粉一样，奶瓶里只有开水没有放奶粉，孩子未来的命运是可以预测的。

渠道利用“加盟”的形式运行、发展，各自就必须真正的履行盟约。而利益的共同体是双方走向未来的唯一标志。只有从“母体”或“个体”的私利中解脱出来，结盟为利益的共同体才会有美好的未来。如果同床异梦或同曲“异”工，是无法落地生根的。

四、把形式、概念落地为实效

渠道加盟极易出现的一种行为是画地为牢，他们凭借自己“出山”时一套固化的理论和模式，开始复制更多的所谓成功法宝不断地给加盟者“套上”，从来不问具体的市场环境、资源和消费的差异。这种形式上，甚至是概念上的东西，只能逼着新加盟者“谋反”或私下搞一些“小动作”。

渠道加盟必须结合实际情况和自身的发展，加强产品、服务创新，把形式、概念落地为实效。

首先是产品创新。产品创新是渠道加盟企业可持续发展的基石。要想做到产品创新，必须建立产品更新机制。观察诸多渠道加盟企业的发展过程，我们可发现，伴随企业发展的，是一个又一个产品相继成长起来，然后再一个一个地衰败下去。所有兴而复衰企业的共同特点都是产品难以为继，没有在一个或者一类产品衰败的同时，让另一个或者加一类产品兴旺起来。

同时，所有持续增长企业的共同特点是：它们能够源源不断地推出新产品，并生成新的声誉产品。它们既能够不断地更新其所有产品，又能够保证其声誉产品随着市场的变化代代相传；它们的诀窍是保持新老产品更替的管道畅通，一旦老产品出现减退势头，便不失时机地以新替旧。

因此，有一条健全的产品更新管道，是渠道加盟企业持续进行产品声誉建设的关键。在这个更新管道中，企业的产品将根据市场和消费需求的变化，不断得到完善和提升，从而为企业赢得持久的声誉。

其次是围绕始终如一的价值交付不断进行服务创新。

始终如一的价值交付意味着企业必须持续地维护并强化自己产品的主体特点，这就对渠道加盟企业的采购、生产、营销和服务提出了系统的要求。任何正面的强化和丰富都会给企业声誉建设加分，反之，则会造成伤害。

为什么洋快餐“麦当劳”能够在中国始终如一的稳健经营？尽管有这样或那样的答案，但我们不难看出，麦当劳从产品到服务始终是围绕价值交付并进行不断创新的。始终如一的价值交付本身就意味着渠道加盟企业必须随着市场的变化和消费水平的提高，不断升级自己产品的前提下，对企业自身体系的系统升级。

值得提醒的是：渠道加盟的企业发起者，所谓的管理也必须围绕服务展开，没有服务的管理是压迫更是暴政。同时，没有服务的升级就不会有管理的升级，把管理理解为引导和帮助是渠道加盟发起者必有选择。

第八节　经销商起步：从成功运作一个品牌开始

起步期的经销商，往往是创业的开始，这个时候起步很艰难。甚至大部分经销商都是白手起家，靠几百块钱、几千块钱起步，甚至连一车货款都付不清。正是因为这种特殊的背景，往往导致很多经销商创业期容易进入两个误区。

一是选产品量力而行，具有门当户对的观念瓶颈。因为我们为不同的企业服务，当一个好产品或者品牌的产品，找到一个创业期的经销商时，创业期的经销商往往会因为首批款多一点而放弃，也会因此放弃很多好的产品，让自己丧失很多的发展机会。

二是没有成功运作一个品牌的经验瓶颈。很多创业期的经销商，由于没有正确地选择具有成长力的产品，导致很多年从来没有做成功过一个产品，并且经营的产品和合作的厂家总是换来换去。我们的服务经历告诉我们，没有成功运作一个品牌的经销商很难生存下来，换句话说，经销商的发展都是从做成功一个品牌开始的。

3 年前，做销售的同行小刘难以忍受长期奔波又食不果腹的销售职业，看着自己服务的经销商是日进斗金，财源滚滚，就抱着置身商海一搏的信念，转身成为一个经销商。

由于自己没有什么积蓄，靠着东拼西凑的一点钱就开张营业了，为了自己的信念和生活，凭着自己几年来跟随经销商风里来雨里去，也多少学了一点的为商之道，还是对未来充满无限的期望。

结束了为别人打工的日子，小刘开始给自己打工。尽管他兢兢业业，风里来雨里去，但自己的经营并不是想象的那样。一年之后，仍然是劳累奔波而食不果腹。这种结果他怎么也不能接受？他苦苦寻找问题的原因。

经过认真的反思，小刘发现：一是自己的资金本来就少但还多种经营，造成自己经营的就像杂货铺，没有影响力。二是缺少网络资源又没有社会关系。由于自己是业界新手，加上自己经营的产品没有站住脚，不能接用和控制网络资源，出去送货四处碰壁。三是有竞争力的品牌均已“名花有主”，自己暂时找不到也不可能找到有竞争力的品牌。加上，对自己经营的品牌有太多的抱怨，没有找到市场的切入口，仍然跟同业的“前辈们”硬拼。四是停留在做生意的观念上，没有树立经营意识，仍然追求简单的买卖行为，在业界造成“二道贩子”的印象。

找到了自身存在的问题，小刘调整了自己的经营方向。他坚信：只有做成功一个品牌，自己才有出路。他开始走访市场，为了避开二批这块难啃的“硬骨头”和同行的强势品牌竞争，他采取了“小切口，大刀面”的终端运作策略，开始将自己经营的产品跨过二批直达终端零售商。由于自己策略正确，服务真诚，很快在终端零售网络中建立自己的独特优势。

又经过一年的努力，小刘经营的小厂杂牌销量迅速提升并成了自己所在市场的地方品牌，自己的影响力和声誉也随着这个地方品牌的应运而生。

接下来的日子更好过，小刘不仅通过这个成功的品牌捞到了“第一桶金”，完成了自身的原始资本积累，而且还建立了自己的市场网络体系，自己也拥有了一个“聚宝盆”。

小刘的经历验证了一句俗话，即三年学个秀才，十年学不会做生意。这是对起步期经销商智慧和能力的最直接评价，也是最真实的评价。因为商战如潮，即使历经风雨，能傲立潮头的商界精英毕竟是少数。

经销商从踏进商海大潮的第一步，实际上就把自己置身于火山口上，因为从普通人到一个成功的经销商必然会经历一场磨难。

大部分经销商走进商海是被逼出来的，他们在生意开张营业之时一穷二白，甚至是白手起家。抱着给自己找一碗饭吃，找一个“活路”的简单想法，他们面临着诸多的困境。

资金匮乏。没有雄厚的资金作支撑，他们从东拼西借开始，一点一滴地积累。大多经销商的原始资本就是自己的力气和勤奋，他们受过了常人没有受过的苦，经历过常人没经历过的难。

社会资源少，网络关系差。他们在起步之时门可罗雀，没有什么交际；初涉商海，举目无友。他们是凭着自己的真心和热情去打动身边的每一个人。

没有优势品牌，从小厂杂牌甚至是“倒腾”开始。经销商起步经营的产品基本上没有任何优势可言，甚至是一些“缺胳膊少腿”的产品。这些无优势的产品让本来就无立足之地，何况是起步期的经销商操盘，如果没有创新的经营思维，这种品牌的经营局面是可想而知的。

没有经营意识，被人贬为“小商小贩”，整天灰头灰脸。起步期的经销商大多是以生意人自居，既然是生意人自然就是以追求利润为核心。

没有长远的目标。起步期的经销商大多是数着指头过日子，没有一个长远的规划，甚至是坐顺风船，飘到哪里就算到哪里。事实上，缺少目标与追求是经销商经营原地踏步的根源之一。

现实中，起步期的经销商所面临的问题远不如此，甚至仍然被包围在问题丛中，他们年复一年，日复一日的苦苦拼搏，到最后仍然是惨淡经营，他们也苦苦追寻，究竟原因何在？

我们断言：起步期的经销商，要想解决上述问题并获得较快的发展，就必须成功地运作一个品牌。因为大量的事实告诉我们：经销商起步期的成功就是从成功运作一个品牌开始的。

成功运作一个品牌标志着起步期经销商观念的转变，即从生意观转变为经营观。做生意赚钱可以通过对商品的简单买卖来完成，但成功运作品牌就必须有市场经营意识，因为市场的网络与消费群体建立绝不是简单的买卖行为就能完成的。只有具备了经营观念才能让自己在市场竞争中立于不败之地，进而实现可持续性经营。

成功运作一个品牌为起步期的经销商创造了网络资源，而网络资源是经销商的“聚宝盆”。农民种地讲的是多种一粒子、多出一棵苗、多收几个穗；经销商做市场犹如农民种地，多一个网点就多“一棵苗”，相应的也会多收“几个穗”。事实上，经销商的经营就是通过产品对市场网络的经营，网络是经销商经营灵魂。

成功运作一个品牌让起步期的经销商成为成功的经销商。事实上，经销商的成功就是从一个品牌的成功持续走向多个品牌的成功。仔细观察不难发现，任何一个经销商起步期的成功都是依托某一个品牌的成功。起步期的经销商只要不能在自己的地盘上成功运作一个品牌，就永远不会有立足之地，更无法谈及破解起步期的发展瓶颈。

成功的运作一个品牌会让起步期的经销商“挖到第一桶金”。第一桶金是起步期经销商的成功基石。实践中，很难发现经销商通过杂货铺式的经营完成资金积累的，因为卖杂货充其量给自己赚个“零花钱”。可以肯定地说，起步期的经销商要想真正的完成原始资金的积累必须通过一个品牌的成功运作。

成功运作一个品牌塑造了经销商起步期的目标能力。通过一个品牌的成功运作，对起步期经销商直接产生两大结果：一是信心和成就感。现实中，我们每个人都是因为有了信心和成就感才会有更高的追求。二是对市场产出追求的“胃口”大增，甚至开始对目标出现“饥饿感”。因为成功运作一个品牌会让我们发现前所未有的市场资源和机会。相对而言，起步期的经销商成功，不是有着绝对的雄厚资本和品牌优势，而是成功运作一个品牌的经历。

第九节　经销商如何突破发展瓶颈

市场变革期到了，也许很多经销商不缺少变革的观念和意识了，但大部分经销商想不明白该如何变。

任何一个经销商起步期都是求利，这无可厚非。因为创业期就是为了生存和美好未来而战斗的。当赚到第一桶金之后，进入成长期的经销商开始珍惜自己的经营局面，开始在成长期求稳，因为赚到钱之后才知道赚钱有多么不容易。走过成长期之后是发展期，就像蝉蜕一样，走过成长期之后，经销商非常希望能够求大，因为这个时候赚钱已经不是问题，关键的问题是如何赚到大钱。而走过发展期之后的经销商进入成熟期，就希望自己的生意能做成百年老店，也就是求久。

但是，所有经销商的成长过程都不是一帆风顺的，也会历经坎坷，我们有近20年和各种类型经销商服务的经历，也历经了数千个经销商的发展，在帮助不同类型经销商解决发展瓶颈之后，也有了很深的体会。

一、成长期经销商的瓶颈

进入成长期的经销商只有一个标志，就是成功运作了一个品牌，尤其是把区域品牌做成了本市场的名牌的经销商。因为这个时候网络已经非常健全了，客情关系也非常好。最重要的是在当地市场有了一定的知名度。

而进入成长期的经销商会遇到成长期的瓶颈，一个是团队瓶颈。对于起步期的经销商而言，往往是夫妻店，或者是亲戚帮。进入成长期之后，经销商如果还是靠亲戚帮，已经很难发展了。原因是起步期主要干活的是老板，亲戚帮都是出力的人，因此只有亲人、没有新人的团队瓶颈就会在进入成长期之后显现，如何突破人才瓶颈成为经销商成长期的最大问题。另一个是自我耐力、心理承受的挫折瓶颈。一般情况下，一个起步期的经销商做成一个品牌的难度是相当大的，但是进入成长期做成功第二个品牌的难度比第一个还大。原因是经销商需要调整自己的观念，学会和第二个厂家打交道才能做成功第二个品牌。这个难度不在于专业市场能力，而在于厂商磨合，因为经销商很有可能就像初恋一样，把“初吻”给了第一个厂家，后来怎么看第二个厂家都不顺眼。

二、发展期经销商的瓶颈

进入发展期的经销商一般都具备了一定的规模，而且团队能力也得到了极大的提高。但实践中，出现最多的问题有两个，一个是大部分经销商还是只运作一个品牌，没有培养出第二个品牌。另一个是有了第二个成功的品牌，但是没有核心渠道资源。这种经销商的渠道资源比较分散且控制力较弱，只要市场竞争激烈一点，下线合作伙伴总是开始投敌叛国。

三、成熟期经销商的瓶颈

进入成熟期的经销商，不但具有一定的规模，而且还具有非常高的市场地位和市场影响力。但是，这个时候是经销商思想固化的形成期也是膨胀期。最突出的两个问题，一是认知市场和消费需求的瓶颈。这个时候的经销商都比较主观，总是认为自己打下了江山，自己就是天下第一，听不进意见和建议，对消费者疏于研究，对市场认知停留在过去的表面上。二是赚了钱，开始埋怨做生意辛苦，总是发现其他人做生意很赚钱也不辛苦。俗话说：只看见贼吃肉，没有看见贼挨打。也就是开始进入了注意力分散、不专注的瓶颈期。

四、衰退期经销商的瓶颈

经销商进入衰退期有两个典型的标志，一是丧失兴趣。二是自我蜕变能力弱化。一般情况下，经销商进入衰退期都是从转行或者多元化开始的，当然，确实也有一大批经销商转行或者多元化做得非常好的，更多的是转行和多元化做得不好的。

经销商如何才能成为市场上的常胜将军呢?

经销商要想在商界中立于不败之地，把自己的生意做成百年老店。就必须做到以下几个方面:

1. 走出舒适空间，消除小富即安，把生意转化成事业

经销商必须明白未来市场竞争的本质是规模。没有规模就会逐步被边缘化。经销商自己也非常明白，做成百年老店的简单要义就是控制上游厂家和下游分销商，而做到这一点的核心就是形成自身的经营规模。因为有了规模才能和上游的厂家具备谈判能力，同时有了规模才能让下游分销商通过卖自己的产品多赚钱。

2. 与市场俱进

市场1年一个变化，3年一个周期也是不争的事实。这就要求经销商根据这个基本的规律，认识市场，不能总是主观的考虑市场。我们经常说的一句话就是，跟不上市场变化的经销商注定是走不远的。

同时，与时俱进要求经销商能够适应市场的发展以及厂家对自己的要求。前面已经讲到经销商的历程了，这里举几个厂家对经销商称呼的变化，说明与时俱进的重要性。这几个词大家都应该很熟悉：代理商、经销商、运营商、贴牌商、股份商，这些词背后既是厂家意愿，也是市场规律。

同时，认识到渠道的变化，走出固有渠道，认真思考新渠道开发也是与时俱进的主要表现。

3. 敢为人先

大家都知道犹太人的经商故事，也听说很多温州商人的故事。当然，不管是晋商，还是浙商，只要是商人，肯定都有一个特性，就是敢为人先。

因为成功的商人，或者具备成功商人特质的人明白一个最简单的道理，就是“很多人都愿意做的生意做不大，很多人看好的生意做不好”。成功商人是善于捕捉市场机会的人，也是具有魄力的人。因此，敢为人先应该是一个商人立足于不败之地的根本。

随着社会环境和市场环境的变化，敢为人先的经销商一定能够认识到消费者作为资源的转移，也就是消费者的选择性越来越大，现代商人要明白一个简单的道理：“传统观念是从很多人身上赚钱，现代观念是从一个人身上赚很多钱。”

第十节　经销商如何提升在产业价值链中的话语权

经销商处在整个市场或者商业领域产业价值链中的枢纽环节，经销商的上游是厂家，下游是渠道成员。对于厂家而言，经销商是其产品进入市场的出水口，也是大部分厂家产业价值链中的关键环节，对于下游的渠道成员而言，经销商是链接厂家与渠道成员的核心纽带。

某种意义上，提升经销商在产业价值链中的话语权，就必须先理清经销商在产业价值链中“链”的地位和价值。同时结合市场和商业流通领域的发展趋势，才能找准提升经销商在产业价值链中话语权的支点，撬动经销商在产业价值链中话语权的提升。

一、经销商如何提升在厂商之间产业价值链中的话语权

对于绝大多数厂家而言，经销商是厂家产品进入市场的必经之地，因为经销商为厂家提供了资金、物流、仓储及售后服务的产业链价值。同时经销商也承担着厂家市场运作的核心职能，进一步说，经销商是厂家营销的核心环节。

经销商在产业价值链中的价值是随着市场的发展而变化的。市场经济的初期阶段，受物资短缺的影响，经销商对于企业而言，其产业链价值仅仅是资金，但商品丰富之后，经销商对于企业而言，其产业链价值

就不仅限于资金了，又逐步发展为物流、仓储。

随着市场竞争的进一步加剧，市场进入买方市场，经销商相对于厂家而言的产业链价值迅猛提升。除了传统的产业链价值之外，经销商在产业链价值中增加了市场运作职能。这个时期，经销商成为企业产品进入市场的先锋官。市场运作职能的增加，更让厂家对于经销商产生了依赖性，这种依赖性强化了经销商在产业价值链中的地位，这种局面相对于之前的厂商关系，经销商开始主导厂商之间的产业价值链。

相对厂家而言，经销商在产业价值链中的话语权，我们可以通过厂家对经销商称呼的转变，理解经销商在产业价值链中的话语权变革。

20 世纪 90 年代初期，厂家称客户为代理商，这种称呼对于经销商的定位就是纯粹的产品销售职能。这个时候，“代理”的含义就是雇佣，或者临时交办。厂商关系相对比较松散且厂家处于主导地位。

20 世纪 90 年代末，厂家称客户为经销商，尽管这种名词没有太大变化，但“经销”的含义与之前的“代理”已经有了本质的区别，经销的内涵就是经营和销售，或者理解为“必经的销售”。这说明厂家对经销商有了充分的依赖，厂家也承认了经销商的价值。

2000 年之后，厂家称呼客户又经历了两次大的变化。

一是 2005 年前后，经销商又逐步演变为运营商。这种称呼的背后，是厂家进一步收回市场运作主动权的体现，因为经销商时期，已经处于买方市场了，作为买方的经销商处于绝对的市场地位，客大欺店是这个时期的厂商关系。

厂家为了掌控市场运作的主动权，改变被经销商绑架和挟持的被动局面，一部分厂家开始对经销商在产业价值链中的地位重新定位，改经销商为运营商。一般意义上讲，运营商的定位对于厂家而言，运营商就是纯粹的资金、物流、仓储和售后服务，厂家成立市场运作机构直接对市场实施全程运作，运营商从厂家赚钱不是差价，而是与投入资金配套的仓储、物流、人工费用，除了这些费用之外，经销商的利润就变成了厂家支付的佣金。这个佣金的体现形式，有年度返利或年度奖励等。

这种分配模式让诸多运营商抱怨厂家暴政，运营商认为自己就是厂家雇佣的搬运工，甚至是包身工。这种背景下，又催生了厂商之间在产业价值链中的博弈。

博弈的结果是，厂家对经销商在产业价值链中的地位再定位，这个时候，大运营商取胜的结局是成了贴牌商，俗称 OEM 商。贴牌商时代，经销商从厂家获取的是厂家的品牌资源、生产资源，厂商之间完成了彻底的分工，厂家变成了制造商，经销商变成了贸易商。

从这种演变，我们不难看出，经销商要想提升在厂商之间产业价值链中的话语权，就必须完成对市场运作主动权的控制。只有在市场中打得赢，才能在谈判桌上谈得赢。

二、经销商在渠道成员之间产业价值链中的话语权

经销商提升自身在渠道成员之间产业价值链中的话语权，需要做到三个方面：

第一个方面是服务。我们知道，在 1995 年之前，作为批发商的经销商，或者作为批发商的总经销，绝大部分处于坐商时代，下游的渠道成员，即批零商除了得到经销商的产品资源之外，再也没有其他的资源或者价值。

但从 1995 年之后，随着市场化程度的提高、商品的丰富、供需关系的改变，经销商开始成为行商，就是承担了下游渠道商的物流职能，进入送货上门阶段。

2000 年之后，行商开始演变为网络商，因为经销商明白，完成物流是非常简单的事，竞争促使他们开始实施售后服务、客情服务，有了售后和客情的下游渠道商逐步忠诚于某一个经销商。

而随着消费市场的成熟，品牌成为消费者选择的主要标准。品牌成为市场运作的利器。网络商开始发展为品牌商，很多网络商不惜血本的争取品牌产品的经销权。

但供需关系和竞争的加剧，品牌常态化之后，经销商也受到了下游渠道商的要挟和绑架，渠道商对经销商的资源进行了瓜分，导致经销商非常被动。2005 年，一大部分网络商逐步渠道下沉，直控终端，这个时期，网络商逐步演变为终端商。

事实上，这种演变的本质是经销商对市场服务的演变，最终的结局也是经销商作为中间商、中介商，必须立足于服务，才能控制市场运作的主动权，才能有话语权。

第二个方面是规模。经销商普遍问我们一个问题，就是如何控制下游的渠道商。我们的回答也非常简单，要想控制住下游渠道商，只有两条路，一条路是你经销的产品是独有资源，同时也是下线客户不可缺少的畅销产品，且无可替代性。也就是传统商业定律中的“人无我有”。这一条在当下的市场环境中，怕是很难做到了，因为中国的品牌与品类都是二元结构。比如，有三全还有思念，有伊利还有蒙牛，有康师傅还有统一，有加多宝还有王老吉等等。产品不可能出现不可替代性。

另一条路是规模。因为规模就意味着资源能力，一个有足够规模的经销商，就一定能够成为下游客户利润的主要来源。通俗地说，就是下游客户利润的 80% 都是通过你经销的产品赚取的，那么下线客户一定不会离开你，因为你是他的“摇钱树”。

第三个方面是利益共同体。商场中有句名言说：“没有永远的朋友，只有永远的利益。”这句话并不是铜臭而是直接。

现实中，厂商之间或者商商之间总是简单的买卖关系，或者是价差关系，这种模式下的关系就显得非常脆弱，甚至在竞争面前不堪一击。

经销商要想提升与下游渠道成员在产业价值链中的话语权，就必须改变传统的买卖关系，利益博弈的关系，变成利益的共同体。

我们在服务某超大经销商时，推出了“市场联合体”运营模式，把经销商与渠道商的利益进行了有效的捆绑，衡量与分配的杠杆就是绩效，而不再是简单的差价与返利。这种模式经过两年的实践与完善，也取得了非常显著的效果。

第四章

终端策略：销量提升是关键

第一节　销量不提升，透过病症看病因

所有的工作都做了，销量没有提升。我们断言：必然是工作的原因所致。而要想提升销量，必须把握以下五个方面。

一、正确的工作方向

案例：某方便面企业为了提升自己的销量，实现自己7月份新扩建设备的开机率，便发动全体业务队伍去开发新市场，进行所谓的“四面突围”，结果连续几个月业绩下滑，别说新扩建设备的开机率，就连原本的几条线都无法运转，更为严重的后果是由于老市场无人看守，财物丢失严重，企业从此一蹶不振。

众所周知，每年7月份是方便面行业一年中销售最淡的季节，老经销商都开始转移经营主体，把主要精力全部投放到啤酒、饮料等季节性产品上，而这家企业却把营销工作的方向定位于新市场开发，集中所有的人力、物力、财力去做无效的劳动。销量能提升吗？

方向大于方法是个不争的事实。而现实中，经常出现“南辕北辙”的现象，营销管理者凭着“拍脑门式”的决策，给下属定一个工作“调子”就让下属围绕所谓的方向去找方法，然后定出一个看似完美的工作方案，就开始投身“战场”浴血奋战，这种结果是不言而喻的。

要想让销量提升，首先要找到产生销量提升的工作方向，然后围绕销量增长的方向找方法，即先做正确的事、再去把事做正确。如果工作方向定错了，所有的工作都是无效的，销量肯定不提升。

二、工作必须做到位而不是做多少

案例：我们在给一家快速消费品企业做营销诊断的时候，参加了这家企业的月度营销会议，发现他们布置工作的时候很细致，很全面。可以这么说，就差教每一个业务人员出门如何走路了！会后，这家企业的营销老总很困惑地跟我们说：我每个月都把工作给业务人员安排得满满的，他们每天都跑着步把安排的工作做完，怎么还不能提升销量呢？

事后，我们在市场走访中发现，业务人员在市场上确实很忙也很累，但为了完成所有月初布置的工作，他们疲于奔命、苦不堪言。大部分工作几乎是应付，更不用说做得扎实、到位。请问，所有的工作都做成了“半拉子工程”，甚至是“豆腐渣工程”，销量能提升吗？

在过去的20年里，谁先做了谁就是优胜者，问题是目前所有的企业都在做，那就要看谁做得到位，谁做得好。你做了多少并不重要，做到什么程度才是最重要的。

市场竞争的程度加剧，导致了一分耕耘没有收获，十分耕耘才有一分收获。同样，面对竞争同质化，胜者的游戏规则不是做了多少而是做到位了多少。营销工作，特别是一线人员的工作，最大的难度不是技能性的而心理性的。因为一线营销工作单调枯燥，大家整天“三点一线”（即旅馆处、客户处、市场三点连成的一线）式的工作，这种简单重复性的工作，很容易消磨人的意志、消耗人的激情而让人产生工作厌倦，极易出现敷衍的工作情绪和低落的工作心理。这种原因产生的连锁反应就是：做了，没有做到位，应付着差事打发时光。

所以，要想提升销量，不是看工作做了多少，而是看做到位了多少，因为推动销量提升的工作不是以多少来论，而是以做到位了多少来论。

三、做工作必须把握时机，在合适的时候做合适的事

案例：某方便面企业为了提升销量，在4月份研发并上市推广了一款相当不错的新产品，推广方案和推广工作都做得无可挑剔，最终的结果是这家企业损失惨痛，为什么？原因很简单，就是时机选择错误，没有在合适的时机做合适的事情。每年4月份是进入高温期的第一个月，也是方便面进入销量下滑的第一个月，而新产品上市消费者接受度较慢，通路上大量堆货给销售点造成的第一印象就是产品不好卖，加上高温期产品的品质受影响，再好的新品也无法推广成功。

“起个大早，赶个晚集”的事情经常出现。把握时机是做好任何工作的基本前提，如果不能把正确的方法和恰当的时机有效结合，所有努力都可能变成一场徒劳。

四、系统做工作才能提升销量

案例：某食品企业在A省多年占据市场的主导地位，但销量始终在800~1000万之间无法突破，负责该省销售工作的经理总是说：“该做的都做了就是没销量，我有啥办法?”但后来一家弱势企业的销量在短短的3个月内突破了1800万，成了A省市场的主导产品。为何?

这个答案在后来我们的市场调研中找到了：在A省多年占据主导市场地位的企业，一直是靠其产品的优势，而其客户固守老产品拒推新产品，业务人员躺在市场上睡大觉，促销费用被客户截流；后来居上的这家弱势企业则靠其产品、客户、业务人员的拼搏，加以巧妙的促销策略，打了一套“迷踪拳”，轻松取胜。

所以，营销是由诸多要素构成的，营销工作的本身就是一个系统，销量提升是营销工作系统作用的结果，而不是寄希望于某一个“点”上的工作，必须做成“面”。

企业往往只看自己而不看竞争对手和竞争环境的变化，闭门造车。这种静态的、一厢情愿的营销思维很难与处在动态的竞争环境中的竞争对手“博弈”；再者说只抓营销的一个环节或某一个要素，如费用只投向经销商而忽视了二批和零售，导致经销商的库存不能持续分流，销量就无法持续提升；只注重通路上的推力，而忽略了对消费者的拉力，导致产品在通路上出现“肠梗塞”，销量也无法提升；只注重空中“轰炸”而忽略了地面“攻势”，也会出现“有名无量”空架子的现象。

五、销量提升是市场工作积累的结果，是持续推动的过程

案例：在主持一家食品企业的区域市场销量分析会时，通过报表显示：A 市场从 2 月份至 5 月份一直是在 15 万左右的销量，但 6 月份至 8 月份却一直保持在 50 万以上的销量。相反，B 市场 2 月份至 5 月份的单月销量一直在 40 万以上，而 6 月份至 8 月份却单月下滑到不足 10 万。我很是不解，就重点请这两个市场的负责人分别谈他们的经验教训。负责 A 市场的业务员说：2～5 月份几乎没有给市场投入促销费，只是在产品推广和网点开发方面下了功夫，进入 6 月份搞了一轮促销集中突破，销量就一直逐步上升；负责 B 市场的业务员则说：2～5 月份他向公司申请了促销费，并且每月促销力度都在不断地加大，销量也不错。但进入 6 月份由于促销使产品价格透明，加上倒货、倒价现象，销售网点拒绝接货，销量就一直下滑。

显然，如果不能有效地、始终如一地围绕销量提升做工作，采取“突击”的方式，很难使销量提升成为一个持续的过程，一定会出现一个高点之后必有一个低谷的销售局面。

现实中，很多企业为了销量总是当月说当月，月月“挤牙膏”。或者把销量提升看成一个数字游戏，不抓销量提升的主体工作，不围绕销量提升安排工作，寄希望销量会自然提升。请问：你为销量提升做了什么？假如答案是否定的，敢问你有什么理由来说明你的销量会增长。也有部分企业，只是就销量说销量，只说当期销量如何完成，不把销量提升看作一个持续的过程。更有部分企业为了当期销量采用价格战或“花钱买销量”的短期行为，当期之后你的销量从何而来，会继续提升吗？没有找到提升销量的工作要点，没有持续地给销量提升注入“能量”，只为提升销量释放所有市场的“能量”，这种作法无异于拔苗助长，市场这棵苗早晚有一天会被你拔死！

可以这么说，销量提升是营销工作从市场能量聚积到能量释放的一个结果，销量提升是一个持续的工作过程，只有不断地给市场注入提升销量的“能量”，才能让销量持续提升。

第二节　消费群体不同，营销方法各异

微利时代，对企业营销最大的考验是投入和产出的真正价值，加上市场竞争的加剧导致营销创新进入一个困境和低谷，因为离开企业挥金如土般的支持，各种营销手段和营销思想突然失去了效用。无论大家对当前的营销局面无论怎么去评说，我想**思考并重新认识消费才是发现、解决问题之源，**因为任何事物都是万变不离其宗，而营销之宗就是消费。

只有告别忽略消费、片面追求通路铺货、一味作秀、追求形式主义的铺张奢侈、关注价格和费用支持的错误行为，才能从根本上解决营销所遭遇的困境。回归消费、撬动消费，给营销注入原始动力和能量。

怎么样才能撬动消费呢？

第一步：目标消费群的细分与定位。

某种意义上，从财务的角度对营销投入实现产出价值的可能性、稳定性、可持续性对消费群定位，可以将消费者分为三大类：

首先是游离型消费群，该类群体没有固定的品牌消费意识、购买习惯、购买行为。经常对消费的产品品牌更换或游离于若干厂家的品牌之间进行随机性消费，属于感性或不成熟的群体。

其次是习惯型消费群，该类群体对消费的品牌属于潜意识品牌消费，因为他们所作出消费决策是受到流行性、推荐性、环境性的影响，属于相对感性或不成熟的群体。

最后是忠诚型消费群，该类群体具有明显的品牌意识和消费决策的成熟度，对某种品牌形成固定性的消费习惯，做出消费品牌变换的可能性较小。

第二步：撬动不同消费群支点。

首先是游离型消费群，针对这一类群体感性消费的基本消费特征，撬动的支点在如何利用终端销售点的氛围刺激他们冲动性购买。当他们实现第一次消费后，一定要继续强化这种氛围。通常可以利用陈列、专柜、促销堆头、招贴画的形式实现对这类群体的撬动。

其次是习惯型消费群，针对这类群体品牌忠诚度没有完全建立，消费的理性度相对不成熟的特征，撬动支点应该是如何改变他们对品牌的认知态度，进而用品牌的温情逐步感化并建立初步的稳定性消费习惯。通常可以借助媒体宣传、社区服务、试吃试用等活动实现对他们的收编。

最后是忠诚型消费群，针对这类群体是较为稳定、成熟的群体，撬动的支点应该是如何增加他们单次消费量并进一步增加他们的消费频率，关注他们的消费心理变化和相关替代品的发展。通常可以采取搭赠、赠消费券、积分奖励等方式维护他们的忠诚性。

第三步：针对不同消费群的策略选择。

首先是游离型消费群，对这类群体的策略应抓住消费相对集中的旺季或者核心消费日采取轰炸式进攻，抓住他们的眼球和注意力后一举成功实现“一网打尽”。企业必须掌握他们的集中分布区域并采取集中资源、群体作战的形式展开。

其次是习惯型消费群，对这类群体必须采取相对温情式的持久战，逐步改变他们对品牌或具体产品的认知态度，让潜意识的习惯变成有意识的习惯并持续不断地向品牌忠诚度的方向引导，因为只有改变了消费者的态度才能实现消费并进一步建立相对的忠诚度。

最后是忠诚型消费群，对于这类群体的策略是强化企业的美誉度和综合形象展示，关注消费行为和消费心理的细微变化，不断通过“小恩小惠”的形式让他们感受到你的存在和真情。

第三节　从财务的角度看营销

现实中，营销人员对企业财务部门及人员更多的是埋怨，每个人说起来都苦大仇深。深究一下，也正是这种现状使得营销人员忽略了任何事物都有两面性的基本哲理。这种片面的、带有个人主观情绪化的思考，造成大部分企业财务与营销部门之间的不协调，甚至出现摩擦冲突或明争暗斗式的企业内耗。实际上，营销人员如果能更多地从财务的角度思考营销工作，结果就会发现很多营销难题会迎刃而解，因为有撬动市场的五大财务杠杆。

杠杆一：经营

财务的主要职能是服务于企业经营，而经营的核心是追求投入与产出比的最大化，企业的经营和战略离不开财务部门的数据和分析。同样，营销作为现代企业经营的核心手段之一也离不开财务部门，没有财务部门对经营和营销这根杠杆的支点选择，不用说营销就是经营也无法找到切入点。

可以说，初级营销人员卖产品，只会为了卖产品而卖产品；中级营销人员做市场，只是为了卖产品而做市场；高级营销人员做经营，以产品为手段来完成对市场各项资源的经营，以经营为主要营销理念展开的工作也会取得“有质有量”的业绩。现实中，卖产品的营销人员只是在做简单的交易式营销，尽管很累但仍是无法获得自己付出与收获的正比，更不用说持续性的收获；做市场的人员尽管脱离了简单的交易式营销，但最终的收获却是无法预料，诸如播下龙种收获跳蚤、有量无质（对企业的回报）的空转式营销等现象也是常见的；以经营为主要营销理念指导营销实践，用投入和产出来衡量自己工作的价值，不仅会持续性地推动市场的发展，还会对市场资源利用实现最大化，并实现精益化营销。

那么，怎样利用经营杠杆撬动市场？

（1）用经营理念指导营销，树立营销队伍的市场经营观念。

（2）建立以投入与产出比最大化为主的工作衡量标准。

（3）用经营的思想对待市场资源并实现市场资源利用与产出的最大化。

（4）以经营为主要手段，做好企业资源、市场资源、经销商资源、消费资源及其他相关营销要素的配置。

杠杆二：预算

“有了一顿冲，没了敲米桶”也是营销人员缺少营销预算的生动写照。实践中，年初、月初大把烧钱，岁末、月末分文皆无而为了达成目标“求爷爷告奶奶”的场景也非常普遍。这种缺少计划性预算的营销工作，不仅会丧失营销工作的主动权，同时还会眼看着机会溜走。因为预算是对营销机会、营销阻力预测和如何抓住营销机会、渡过难关的具体实施部署；同时，营销预算是使企业内部资源和外部市场资源形成合力及竞争力的一种主要手段，也是让企业内外部资源有效聚合的主要手段。没有预算其他一切工作都有成为空中楼阁的可能。

现实中，营销人员在预算工作中往往会出现如下的问题：

（1）认识上的误区。认为预算束缚了营销并让营销工作无法应对市场变化，其实这是对工作缺少计划性和系统性统筹的一种表现。预算是对整体工作统筹后的一种计划，也是对整体工作目标及实现目标过程的一种资源投入计划。

（2）执行过程中的问题。很多营销人员认为预算是一种形式上东西，因为预算只是一个框架性方案并没有实际意义。在工作中出现预算是年初、月初汇报工作和计划工作的幌子，只要是到市场上或遇到具体的问题就把预算甩了。这种随意性本身就是对预算作用的最大破坏，自然就不能感受到预算的真正作用了。

（3）缺少预算制定论证和执行分析。对于企业年初或月初制定预算时没有足够的重视和参与，对预算的执行过程缺少分析。事实上，要想真正执行好预算并让其撬动市场必须在预算执行分析工作上下功夫。

（4）预算方法单一，不能根据不同营销目的采取相应的预算方法。

要想用预算杠杆撬动市场必须做好如下工作：

（1）为预算的制定提供依据并做好预算执行分析。

（2）加强市场机会和市场阻力的预测研究。

（3）根据预算为其他主要工作的依据，围绕预算做重点工作安排。

杠杆三：核算

核算是财务对企业经营分析、评价的主要手段，通过核算对经营结果进行定性和定论。同时，核算也是营销工作的核心，因为营销是实现企业经营的核心环节，而企业对营销工作评价的主要方式也是用核算来分析营销的主要指标。

营销人员，尤其是一线营销人员大多是杀敌猛将，阵前先锋。可是，一阵交锋下来往往是杀敌八百，自伤一千，当自我感觉良好时却遭到企业的痛斥。工作中还常常碰上“劝瞎子跳井”的现象，营销人员对经销商一阵豪言壮志之后经销商热血沸腾，达成让销售额翻番、市场迅速成功的共识，然后起早贪黑的工作，结果销量是比较喜人，但利润却是负数，厂商从此开始“交火”。营销人员在核算中出现的问题主要有：

（1）营销人员没有全面的核算意识，片面地追求销量，甚至是饮鸩止渴式的短期销量。

（2）对有形的核算过多，忽略了无形的、深层次的核算，单一的用直观核算方法衡量自己的收获而忽略微观的无形损失。

（3）缺少完整的、系统的、连续的核算，或者没有正确的分析方法让自己的核算准确化、规范化、科学化。

怎样让核算杠杆在撬动市场中显示作用？

（1）准确地把握相关数据并作为分析依据。

（2）利用正确的分析方法，允许有定性和定论的结果差异。

（3）有效地结合最初目标和最终结果，并对比分析短期、长期利益。

（4）站在不同的角度对核算的依据进行分析。

杠杆四：政策

销售政策的制定说白了就是制定营销工作的游戏规则，这也是营销工作的主要部分。企业制定总体的销售政策依此作为企业营销工作的主要游戏规则，而营销部门会根据不同的市场情况对企业的销售政策进行二次细化，让企业的销售政策更具有针对性、可行性。在现实中，销售政策的制定存在的问题是：

（1）缺少二次转化能力，主要是一线营销人员习惯于执行，对政策是否真正适合自己的市场或缺少思考、或缺少二次转化的能力。

（2）二次转化的政策过多地从利益分配的角度考虑，缺少策略性，让政策失去牵一发而动全身的作用。同时，一线人员之所以缺少二次转化政策的勇气或者转化后失败也是因为所考虑的角度、出发点有所偏颇。

（3）政策整体链条的驱动力不足，没有环环相扣的系统性。政策被某一通路环节挤占后就会明显削弱其他环节的承载力，造成只要遇到竞争加剧或者某一环节受打击，很容易被竞争对手打开缺口造成整体政策链条渠道失效。如新市场开发，第一轮铺货如果政策带有明显的二批倾向，就会出现零售接收困难而产品在二批处积压。

如何围绕政策杠杆做好撬动市场的工作呢？

（1）结合具体的市场环境和市场现状，策略性的转化企业纲领性的销售政策。

（2）要把握销售政策的整体性驱动力并形成政策链条。

（3）销售政策必须能够与市场同步发展。

（4）根据市场的竞争变化及时调整政策的针对性。

杠杆五：费用

费用杠杆是撬动市场的最主要杠杆，也是最有力的营销杠杆，但这根杠杆往往被放错支点而丧失应有的功能。企业最大的流失除了费用流失的本身，还有就是费用流失背后的市场机会的流失和损失。

原因有以下几点：

（1）营销人员对费用的神化，费用似乎成了营销工作的万能工具。他们只看到了费用的本身作用而忽略了费用只有采取了正确的方法才能发挥作用，可以说正确的使用费用才是引爆费用威力。

（2）缺少费用的使用管理意识，对费用的使用目的、达成效果、投入金额没有系统的方案。部分营销人员把主要精力集中于如何挖空心思的向企业申请费用或能使用多少费用的权利，当费用真的属于自己独立使用时却将费用使用的权利拱手相让，自己沉浸在申请费用的快感里。

（3）缺少费用的使用分析，认为花出去的钱如同泼出去的水，看了也没用或者往事不堪回首，这种事实也是导致费用持续流失的主要原因，因为忘记过去的人注定要重复过去，而重复过去注定是一种悲剧。

（4）费用控制不够，费用支出的随意性较大。这种现象的发生除了市场的竞争与变化之外，恐怕缺少财务知识和意识应该也是原因之一。

如何用好费用这根杠杆撬动市场呢?

（1）正确对待费用。

在看到费用杠杆决定作用的同时，还必须看到费用杠杆发生作用的基本条件：一是正确的使用方法，没有正确的方法把钱投到应该投放的地方，费用杠杆的支点用错了地方，结果肯定不言而喻；二是用工作推动基础建设才能用费用点燃市场能量。

（2）加强费用使用过程的管理。

（3）做好费用使用目的、效果分析。

（4）费用控制。

掌握控制费用的两大原则：一是经济原则，因为营销工作某种意义上说是一种经济工作，经济工作的核心是经济效益，要围绕关键点、系统性和例外性的控制费用。二是因地制宜，不能一刀切或平均主义。

第四节　新品终端推广六步法

营销只有起点没有终点，作为营销人尤其是一线营销人更应该思考这一问题。而营销工作是有轮回的，因为营销工作是系统性地从方向到方法的组合体，涉及具体营销工作就有轮回性、阶段性的整体概念。比如新市场开发、新产品推广就是这样，因为营销哪得“清”如许，唯有源头“回货”来。

新市场开发和新品推广工作是否成功，源头的二批、终端零售通过重复性购买实现循环进货，即回货是标志；新市场或新产品实现的回货绝不是简单的二次进货，因为回货是消费者对产品认可并初步建立品牌忠诚，二批、终端对企业及企业产品接受并充满信心的结果。

对实现新市场、新产品源头回货，笔者提出以下六个步骤工作，供大家参考。

第一步：选

所谓选就是确定方向和对象，无论是新市场开发还是新产品推广必须通过市场定位、市场选择、细分消费群和细分产品，进而对渠道及网点设置定位。因为营销工作某种意义上说就是通过渠道将合适的产品送到消费者的手中，从而实现消费。

实际工作中，营销人员总是在新市场开发、新产品推广上做着简单重复的表面性工作。

一是将新市场开发或新产品推广等同于日常销售工作，以简单的铺货、卖货实现数字性销量为主。没有意识到新市场开发或新产品推广工作就是在播种，只有看到苗芽出土，地面返青才是播种的成功。

二是没有认识到新市场开发、新产品推广的最大阻力和障碍，缺少对这些工作做到位的本质性理解。

三是对消费与产品、产品与渠道的结合点、匹配度缺少研究，没有认真思考什么样的消费群适合什么样的产品，而什么样的产品才能满足特定个性消费群。一支产品走遍天下的时代早已一去不回，万能产品的神话也不会出现，实现细分才是新市场开发、新产品推广成功的基础，因为产品和市场从大众走向分众是一个无法阻挡的趋势。

怎样才能将“选”做到位？

（1）深入研究市场环境并从市场个性特征中找出机会。

（2）对消费群细分并总结不同层面消费群的个性、地域性特征。

（3）做好产品分析和定位，对产品自身使命和产品承载的市场使命正确认识并实现有效结合。

（4）对渠道分类，并结合具体的产品进行渠道选择，杜绝所谓的拉网式铺货，实现好种子播进良田的营销行为。

第二步：定

“定”就是确定渠道设置并实现定点销售；根据具体销售点的推广和销售能力确定首次接货数量；对销售点实行分类别或分级别管理。

渠道设置就是选准适合产品流转渠道或能实现产品流转的渠道，对于新市场或新产品遍地开花未必是好事，只有选准渠道才能让产品与消费实现对接，才能实现第一次购买。同时，无论是新市场开发还是新产品推广，撬开消费者的嘴让消费者实现第一次消费并产生良好的第一印象，也是工作的核心。

为了能够实现追踪管理，对定点销售的网点必须实行监控式管理，加强市场的客户回访、产品陈列、政策宣讲、销售技巧等工作。

正确做好“定”的工作要注意以下几个方面：

（1）深入了解具体市场的渠道分布、渠道类别并找出适合具体产品的渠道资源。

（2）对所选择具体销售点的所处位置、营业状况、推广能力、销售能力进行统计、分析。

（3）对实现上货的网点根据综合评价划分级别并做到分级管理。

（4）制订市场拜访计划、产品陈列标准、销售点销售技巧培训辅导方案，实现引导期的全过程监控式管理。

第三步：培

“培”就是对相关人员培训所推广产品的产品知识、推荐介绍技巧；利用宣传、促销方式对目标消费群进行产品认知教育、消费引导；培育销售点的产品销售环境和销售氛围。

现实中，这方面工作主要存在如下问题：一是营销决策者或管理者对自己的营销团队非常重视产品的推广培训，忽略了对所培训知识的传导，想当然地认为只要自己的人员懂了，销售点的销售商也就懂了。事实不然，因为积极的营销人员缺少传导意识或能力，只会自己埋头苦干，消极者则把培训的内容视同过眼云烟。

二是一线营销人员或因为认识不到新市场开发或新产品推广的培育工作重要性、必要性；或太现实主义而缺少耐性不屑去做产品、消费、销售点的培育工作。殊不知，这些工作都是为新市场或新产品注入能量，只有不断聚集能量才能不断地释放能量提升销量。

做好上述工作，要在以下两个方面下功夫：

（1）对销售点相关人员做好沟通和培训，重点做好产品推广知识和技巧，并用发展前景增强大家的信心。

（2）针对目标消费群制定“一对一”宣传、促销活动。

（3）做好销售点的产品陈列和宣传。

第四步：诱

“诱”是诱导、诱惑，通过具体的方法和策略来完成销售点对产品推介的热情、欲望，实现销售者对本品经销的忠诚度，完成产品回转，回货就是水到渠成的事了。

现实中，一线营销人员只是简单地铺货，认为铺出去就算完事，将铺货看成一锤子交易，介绍产品时不着边际，承诺政策时敢给你个太阳。最终，销售点因为介绍推荐产品时抓不住核心要点，没法实现产品出手，对企业和企业的产品开始怀疑，最后处理产品自认倒霉的情景也是常见的，请问，这样能回货吗？

怎样诱导销售点出货并实现回货呢？

（1）制定阶段性或层级性奖励政策，用额外利益捆牢销售点。

（2）协议销售，以书面的形式确立对方的长期利益。

（3）根据所诱导、拉动的对象不同，制订明确的诱导计划。

（4）加大对消费者实现一次购买引导，集中突破消费者的认知、认可教育 。

第五步：控

所谓控是指完成布点、播种后对销售点、销售点销售进度和过程中遇到的难题进行控制，运用调整、调控的手段实行保点保苗式的过程管理。

现实中，大多营销人员将新市场、新产品的开发推广工作视同一般的销售工作，具体表现为以下几点。

一是简单地卖货，没有将产品知识、产品卖点、销售技巧灌输给销售点的销售人员并依此树立销售者的信心，进而建立初步的客情关系。

二是盲目促销，缺少明确的对象和应有的手段，将新市场、新产品的推广期促销视同正常销售时期的促销。事实上，新市场、新产品的上市促销应该是以实现出售为主，不是单纯的实现接货。因为新产品新市场推广期最大的难题不是接货，而是接货后销售点如何出售或者说让消费者实现第一次购买。

三是简单卖货，简单的三部曲：卸货，收款、走人。由于新市场或者新产品实现正常的销售是一个持续的过程，这个过程是持续改变产品宣导、消费认知、销售推广的过程，没有这些必然的过程想完成新市场、新产品的成功营销是不可能的。

怎样做到有效的控制工作呢？

（1）正确认识和开展新市场、新产品的营销工作，制订正确的营销方案，这个方案必须是有别于一般营销工作的方案。

（2）将新市场、新产品营销看成一个持续的过程，并重点做好引导期的工作。

（3）做好销售点跟踪管理，对销售过程中出现的阻力尤其是消费认知的阻力应及时解决。

（4）集中人力、物力、财力为消费认知、一次购买和销售点出库服务。

第六步：持

所谓持是坚持、持久。新市场、新产品的前期营销必须强调营销人员的工作精神和工作毅力。

在新市场、新产品的营销中，可能不缺少正确的营销方案，但缺少对此项工作的正确认识，事实上，恰恰会因此导致一系列的认知错误：

一是对新市场、新产品的工作缺少本身的特性认识，将这项工作视为一般性工作，没有深究这项工作。

二是对新市场、新产品的营销工作看得过于“实惠”，甚至简单的采取“一打一叫唤”的交易式营销。

三是求功心切，将推广量视为销售量，也就是净销量，认为只要货出去了就是被消化了，当二次补货受阻时才发现通路上出现了“肠梗塞”式的腹痛、胃胀，剩下的情景就是消化不良。

“持”是咬紧牙关实现新市场、新产品成功回货的最后一关，关系到整体工作能否真正成功。

要想成功必须坚持做好以下几个方面：

（1）要灌输“先播种后收获”的工作理念，打攻坚战、持久战。

（2）在营销管理上要以工作量为主要考核指标，不以具体的销售额和销售量为衡量指标。

（3）企业和企业的营销管理者要树立投资的经营意识，因为新市场、新产品工作本身就是一种投资性的经营工作。

第五节　终端回货的六大攻略

攻略一：新老捆绑，组合出击

案例：某食品企业的新品完成推广后，再次补货时销售点以不好卖为由拒绝二次再接此新品，新品推广工作搁浅。

经过认真的分析，产品自身没有问题，问题出在企业推广新品时把原来几个畅销的品种限量供货，销售点有情绪不愿介绍新品。针对这一问题，我们采取了新老捆绑联合促销的策略，即让新老产品按比例配成一组，按接货组数给予一定金额的促销品。销售点为了拿到畅销的老产品带动店面生意，乖乖地将原新品库存销完后又接新品，实现了新品成功推广。

市场需求永远处在变化之中，因此，产品的与“市”俱进、更新换代是企业生命常青的基本保障。借助成熟产品的市场影响力，推动通路接受新产品，才能让新产品越过通路及终端的层层否决，也才有希望在终端形成“回货”。

攻略二：许下“终身”，拿回“证”

案例：Y冷饮企业在H省一直占主导地位，销量也始终在该省位居同行业第一。但仅半年，后来的一家企业很快超过了Y冷饮企业的销量并大有取代市场地位之势，而后来的这家企业并没有轰轰烈烈的市场攻势，但铺货率和占有率却很高。Y企业开始搞阻击性促销，拿出相当大的力度却没有人参与活动，接货者很少。

原来，后来者给销售点都签了一年的销售协议，实行定点销售后给了相当一部分奖励，不仅暗中挖了Y企业的大二批，且从终端上斩断了根。

努力与售点建立长期的经营关系，将利益一定程度上捆绑就会增强售点销售产品的热情。如果产品有较强的拉力，销售点的忠诚度就会建立，因为通过建立协约式销售，可以为不同层面和特点的销售点量身定做促销和奖励政策，加强了竞争的针对性，同时也最大限度地保护销售点的利益，让他们有充分的安全感、归属感。

许下“终身”拿回“证”，就是从通路及终端上给终端回货提供“保障”。

攻略三：晓之以“利”，杠杆撬动

案例：某方便面企业在S市场面向二批网络铺完一轮货后遭遇难题，即二批商第一次进货之后，新品出货速度较慢，因此大部分二批拒绝二次接货，销售出现了停滞的局面。

业务员经过认真的分析之后，找到了几个愿意二次接货的大二批，晓之以“利”，动之以情，予以重金让大二批带车铺零售店和直接消费点。借助大二批的网络关系，经过持续3轮的运作，产品很快渗透到消费者那里，同时出现消费者拉动零售店进货、零售店推动二批接货的局面，结果拒绝二次接货的难题迎刃而解，市场的局面很快被打开。

营销就是将合适的产品通过合适的渠道，送到消费者手中实现消费的过程。**其中营销最大的问题是在合适的渠道上，营销人员能否有合适的运作方法和策略，找到有力的“杠杆”和准确的“支点”，让这一过程在渠道和终端持续下去。**营销哪得“清”如许，唯有源头“回货”来。

攻略四：环环“连续剧”，三环必回货

案例：在服务某冷饮企业时围绕学校做专项网络开发，由于大部分学校封闭式管理，学校的批发部做的是关门式卖方生意，他们的主动权相对较大，要么是打不进去，要么是好不容易打进去，对方直接把货给你压住不卖等着讲条件。

针对这种情况，我们分析后制定了“连环开发运作计划”。第一环实行“兑奖暂存制”，将产品暂放销售点，存放费为0.1元/支，印制优惠卡对学生发放优惠卡，学生凭卡另加0.1元可以换到价值1元/支的产品，存放的产品迅速被抢空。第二环实行买送活动，根据不同的产品实行买一送二、买一送一、买二送一等活动，以及实行空袋兑换活动，根据不同的产品实行3–6个不等的数量换一支指定的产品。产品迅速被学生认可并接受，销售点不得不接货。第三环是趁热打铁，与销售能力最强的销售点签订销售协议并挂牌特约经销，彻底将销售点套牢。

新品在推广初期，消费者对新品必然有一个从“陌生”到“熟悉”，再到“喜爱”的一个过程。此时，**不能单靠产品自身的“魅力”去“诱惑”消费者，要善于为消费者及终端制造出一环套一环的“连续剧”，回货才能持续进行。**

攻略五：派员驻点，言传身教

案例：某奶粉企业推出一款新型配方奶粉，该产品是其年度内的一支战略产品，首次上市推广因销售点出售难不愿二次接货而失败。目前，该产品有两大营销难题：一是如何让消费者对产品的功能了解和认可；二是该产品的价格较高，如何让销售者认同并树立推荐、介绍的信心。

由于企业自身的实力所限根本无法考虑用媒体广告传播，为了能使产品成功推广，他们对全体营销人员封闭式集中培训产品知识和产品的推广技巧，采取营销团队全员驻点培训、推广销售的模式。重点执行以下两项要求：一是驻店人员要对店内的销售人员进行专项集中培训，上一级管理者监督抽查；二是每个驻点人员每天必须亲自和店主或雇员一起介绍、推荐产品，并对每天的销售达成率书面记录并上交，活动结束一并纳入考核后给予专项奖罚。这些措施实施之后，产品很快被销售点连续进货并出现供不上货的局面。

因此，要让终端形成良性的回货，要求企业对相关人员进行培训产品知识、推荐介绍技巧；利用宣传、促销方式对目标消费群进行产品认知教育、消费引导；培育销售点的产品销售环境和销售氛围；并加强对销售点相关人员的沟通和培训，以及针对目标消费群制定“一对一”宣传、促销活动。

攻略六：一回生，二回熟，三回不谈生意成

案例：某食品企业完成A市场开发上货以后，派业务员小陈去运作。由于该企业的产品在同类产品中没有特别的卖点和优势，一轮货铺

完，市场迟迟不见动静。区域经理经过回访之后，没有给小陈任何促销支持和销售方面的建议，只是要求他每天去拜访一遍销售点，但必须做到下次他俩共同回访时，在所有销售点，店主包括雇佣人员看见小陈能直呼小陈的名字，进店能热情接待，其他的不用小陈管。

小陈为了做到经理的要求，天天跑销售点，与店主及店主的雇佣人员拉关系，一心一意建立客情关系。结果，令小陈很意外的是当他达到经理的要求时，销售点已经连续进货好多次了。以前不回转要货的问题，竟然迎刃而解。

“业务员在销售商脑子中有多少印象，你的产品就会有多少销量。”实践中，业务人员将铺货看成简单交易，更有甚者将铺货当成一锤子买卖，卸货就算完事。但是，在推广新产品或者启动新市场之初，业务员可以是陌生的面孔，而如果业务员不能让自己的面孔被渠道关键点所认识和接受，多次回货的局面就难以出现。

加强销售点客情关系的建立，将自己推销给销售点，销售点才会将你的产品推荐给消费者。**一回生，二回熟，三回不谈生意成。业务人员与售点的关系如此，新产品与消费者的关系亦是如此，只有下到“三回”以上的功夫，“回货”才会向你走来。**

第六节　核心销售日的五大核心工作

提出核心销售日的概念，是基于研究一线营销人员工作时，发现消费受风俗习惯、季节变化、消费习惯、消费行为影响而产生的消费者集中购买、集中消费的时空概念，经过总结、分析得出这一消费的时空规律。从企业经营的角度上来说，核心销售日是把营销进行到底的最后一站，也是营销使命的最终极体现。某种意义上说，核心销售日的成功就是营销工作最根本的成功。所以，抓住了核心销售日，就完成了营销的最终使命。

怎么样才能抓住核心销售日呢？笔者从以下五个方面来阐述做好核心销售日的核心工作。

一、核心销售日的营销企划

当营销管理者找到自己的核心销售日的运行时空规律后，必须围绕企业核心销售日的各个时空段做一个整体营销工作规划。在不同的时间段内核心销售日的消费表现是不一致的，在不同时间段内核心销售日的营销策略不同，在不同时空段内核心销售日的工作重点不同。所以，核心销售日的营销企划工作必须思考以下几个方面的问题：

（1）本品的消费习惯、消费行为、消费时空规律是什么？

（2）本品在每一个时空段变换中又表现出什么样的消费个性？

（3）对本品在一定的周期内（如一天、一周、一日、一季度等）消费曲线进行分析，量化的表现与时空段有什么样的必然联系？

（4）本品在不同的渠道环节上表现有哪些主要差异？

（5）哪些终端网点覆盖的消费群体最多，销售量最大？即必须找到自己核心终端。

二、核心销售日里给核心终端加“把火”

通过对渠道的分析和终端研究，企业一定要找到零售量、影响力最大的终端销售点，即核心终端，然后在核心销售日里瞄准这些核心终端，因为抓住了核心终端也就抓住了核心销售日。**如何给核心终端多加点“伴侣”呢？**

一是整体营销费用分配原则为集中使用于核心销售日的核心终端。

二是整体营销人员的时间上，尤其是一线营销人员的时间，必须围绕核心销售日的核心终端。

三是促销宣传活动，围绕核心销售日的核心终端开展。

四是营销工作的管理评价及考核要集中在核心销售日的核心终端上，尤其是企业的高层营销管理者更要深入营销一线督战，这样，既能对消费者有更深刻的认识，又能对营销团队的集中作战能力做检验。

五是货源的供应必须充足，核心销售日是一个时间资源，也是一种不可再生的资源。现实中，经常出现核心销售日消费者集中购买或消费时货源断货的现象。因此，货源问题必须引起企业的足够重视。

六是统筹安排，突出重点。由于核心销售日非传统意义上的旺季，核心销售日的时间相对较短，而核心终端多而分散，给核心销售日工作带来很大的难度。所以，营销管理者必须统筹安排一线人员的工作，必须集中在某几个点上突破，千万不可一把抓。

三、核心销售日的新品推广

企业新品推广的最大难题是“撬开”消费者的口袋，即让消费者实现第一次消费，通过第一次购买前消费，让消费者对企业的新产品有一个全面的认知、认可，进一步实现消费者的重复性购买。而核心销售日就是消费者的集中购买日、集中消费月。这不仅是上量的时机更是推广新品的“天赐”良机，实际上，很多企业的营销人员漠然置之、熟视无睹，扔出大把的钱去做媒体，投入大量的人力去铺货，让最佳的推广时机擦肩而过，这难道不是对资源的一种浪费？**如何做好核心销售日的新品推广呢？**

一是盯紧核心终端，抢在核心销售日之前把货送到消费者的面前。

二是在核心销售日里，围绕核心终端做新品推广活动，开展试用、试吃活动或买赠活动等等。

三是做好核心终端的宣传活动，营造本公司新品在终端的销售氛围。

四是集中企业的人力、物力、财力，围绕核心终端的新品推广开展工作，必须抛弃常规的费用管理和核算办法。因为花在核心终端的费用是一种投资性费用，而新品推广费是一种发展性费用，产出是后期的。

四、做好核心销售日的营销团队总动员

由于营销人员工作的运动性和不确定性，大部分企业的营销团队在长期工作中激情燃烧殆尽，彻底点燃营销人员，尤其是一线营销人员的激情很难。而核心销售日不是常规旺季，因为企业面对旺季会营造出“一级战备”的气氛，所有人的精力都高度集中，核心销售日表现出常规性、分散性的性征，加上核心销售日是消费者的集中购买或消费，很多营销人员认为他们只要把货铺到二批商或分销商处就完成工作，卖给消费者是通路销售商的事，与他们无关。那么，怎么样做好核心销售日的营销团队总动员呢?

一是对营销团队集中进行核心销售日的专题培训，让他们认识到核心销售日是一种宝贵的、不可再生的资源；同时，核心销售日是一个营销机遇。

二是让营销团队的每个成员都明白一个道理，营销工作的终点让消费者把自己销售的产品消费掉，而没有被消费之前的产品都是企业的，更是营销人员的。

三是营销管理者在锁定下属人员的工作时间、工作地点和工作内容时，围绕核心销售日，所有人员不得私自行动。

四是制定出围绕核心销售日的管理、监督、评价、考核机制。

五、建立核心销售日的标准化工作流程

根据企业自身的情况，结合自身产品的消费特性，把核心销售日作为营销工作的一项主要工作来抓。经过一个周期的核心销售日营销工作

分析，营销管理者要对这一周期工作做一个系统的分析、总结，提出抓好核心销售日的基本要点和环节，从而总结制定出一套标准化的核心销售日工作流程，通过这一流程的贯彻，对企业整体营销工作安排重新布置，使企业的整体营销工作质量提高到一个新层面。

总之，忽视了核心销售日的营销工作就是站在营销的最后一公里处停滞不前，是没有最终完成营销使命的工作，而抓不好核心销售日五大核心工作，根本无法直正抓住核心销售日。

第七节　电路式检查：诊断产品滞销顽症

公司一批重点产品大面积滞销，我们一行在炎热的夏天四处奔波，却对产品滞销的原因难下结论。

一天晚上，刚住进宾馆，还没来得及打开空调，突然间，屋里一片黑暗。怎么回事？大家不安起来，按几下开关还是不亮。打开门一看，也是一片黑暗，只有宾馆工作人员的喊叫声和脚步声。大家开始埋怨，怎么这么倒霉？接着开始议论：是用电高峰电闸跳了？还是保险丝爆了？还是拉闸限电？线路故障？配电房出问题？电厂停止放电了？

大家七嘴八舌地议论着，作为领队的我，突然眼前一亮：产品滞销不就是这种情况吗？为什么只从一个环节找问题呢？

来电了，我开始召开会议：就从刚才的停电分析出发，查找产品滞销根源！很快我们制定了一套完整的“电路式检查”方案及相配套的解决方案。据此方案，我们不到三天时间就找到滞销的根源，并顺利解决了这一产品难题，为企业挽回了不小的损失。

在此，特将“电路式检查法”整理如下，供大家系统检查产品滞销的根源，并寻求对应的解决方法。

一、电路与产品流通环节对应示意

电器　灯座　开关　线路　变压器　电厂

消费者　零售　二批　总经销　营销人员　企业

电＋灯＋灯光　开关　室内线路　总闸　变压器　电厂

《══════════电流══════════》

《══════════电压══════════

消费者　零售　二批　总经销　营销人员　企业

《══════════产品流══════════

《══════════促　销══════════

说明：

（1）产品从企业走向市场，要经过若干个环节，而电流从电厂走向电器也要经过若干个环节，那个环节的问题必须都要系统检查，不能“头疼医头，脚疼医脚”。

（2）电路的任何一个环节出了问题都会造成终端电器不能正常工作，而产品走到消费者的任何一个环节出了问题，产品都最终无法实现消费，终端电器问题就是产品摆到货架后的问题。

（3）电路系统每一个环节的安装和操作都有规范的标准，而产品营销的过程也必须有一个系统的运作和操作规范标准，任何违背操作规程的行为都会带来风险和失败。

（4）终端电器出了问题，必须通过从外到内的电路环节检查、维护和保养，而产品在终端走不动，也要从下向上逐步检查，并对每个环节进往“维修和保养”，全员参与才能迅速查出症结、解决问题。

二、电路式检查诊断产品滞销的方法

（1）确认产品在哪个环节出现了滞销？

当产品出现滞销的时候，营销管理者必须迅速找到产品是在哪个通路环节上出了问题，准确的定位出问题的环节，才能迅速去解决问题，采取相应的措施，营销最高决策者或管理者必须调动营销组织中不同层面的人员进行通路检查以发现问题的根源。如果只是某一个通路环节的营销人员检查，恐怕要耽误解决问题的时机。

（2）造成产品滞销的通路环节与其他相关的通路环节有没有必然的因果关系?

电路中的电闸跳闸，可能是用电负荷过重也可能是人触了电，即安全地需要功能性跳闸，还可能是电闸自身的故障性问题。同理，产品在某一个通路环节滞销，就有多种原因，可能是其他相关原因，也可能是具体通路环节的自身原因。营销团队中各层面的人员，必须在迅速地检查自己管控的环节后向两端环节发出信息。

（3）产品在终端滞销的主要表现。

一是终端零售商不愿卖；二是消费者不愿买。终端零售不愿卖的原因可能是利润低，也可能是产品卖点不突出介绍的难度较大，还可能是同档次产品的促销使零售商主观上对你的产品没有热情不愿推荐。而消费者不愿买的原因也很多，可能是产品知名度不高，消费者产生怀疑又可能是产品的卖相不够，不足以吸引消费者，还可能是你的产品不符合消费者的心理需要，当然也不排除同质化产品多，消费者选择的权力范围广，甚至你的终端销售氛围不足以压倒竞争品，也会造成消费者不选择购买。

（4）产品在二批或分销商处滞销的主要表现。

电路中开关出了问题，即使灯泡完好，线路变压器或电线都很正常，也根本无法实现照明，但如果只检查电路或向管变压器的电工去找问题，很难正确解决问题。同样产品在二批或分销的环节上不流动，首先需要检查的是产品的通路价格设定的是否合理，利润空间的分配是否能够满足不同通路环节销售商的需求，并且对照竞品的通路价格表现和通路促销政策，以检查自己的价格设定是否具有比对性弱势。

其次是检查二批或分销商对产品卖点的掌握程度和介绍技巧。如果他们不能正确地认识产品的卖点和掌握介绍产品的技巧，产品自身的利益得不到有效的传播也会造成产品滞销。

最后是检查产品利润和利益的匹配度，即短期利润和长期收益的问题。很多二批或分销商对企业新品上市或老品的上量性促销不感兴趣，因为新品上市的过度促销，尽管短期利润很好，但是这种促销之后会造成乱价而使价格缩水，他们很快会无利可图。如果新品促销，二批和分销的心里更明白，这种促销也是“羊毛出在羊身上”的短期行为，他们自然很难去主动推销的产品。

（5）产品在经销商仓库里滞销。

如果产品在经销商的仓库里滞销，营销管理者必须首先检查自己的营销方案是否正确，只有系统地检查营销方案，才能真正地找到原因，通常来看原因不外乎以下几种：

一是企业产品自身的问题，即产品的形式与内容是否相符。很多企业推出的产品内在质量和外在产品形式表现存在很大的不对称，就像一个人穿着笔挺的西装打着领带，下边穿着一双旧棉鞋。另外，营销人员对产品的感性认识也会造成对产品认识上的“一叶障目”，为了让经销商接受所推的产品，过分地夸大产品某一点上的亮点，有意引开销售人员的分析角度，也会使产品在厂里时一片赞誉而一到市场则病态百出。

二是营销人员工作方法是否正确，是否真正理解企业推出产品的市场使命和产品自身的使命。

三是经销商是否在全力地推产品或者营销方法是否按营销人员的指导的方法去做。

四是产品自身的定位与市场的现有需求是否有一个较好的结合点。“好产品并不一定好卖，好卖的产品未必都是好产品”是营销的不成文规定，一个好产品的基本标准是能与市场现实消费有效的结合，这种有效的结合就是产品的“卖点”和产品进入市场的“切入点”。

总之，产品滞销问题是个系统问题，即便是某一个环节的问题，营销管理者也必须组织“全员产品检讨”，以确保产品在销售环节的三大转化：从产品到商品，再从商品到消费品。否则，产品滞销问题的顽症始终不会根治。基于此，笔者推出：“电路式检查，根治产品滞销顽症。”

第五章

产品策略：企业营销的核心基础

第一节　新市场环境下新品开发的四个方向

十八大之后，中国经济开始转向以可持续发展为主导的增长，要做到经济增长与环境、能源消耗相匹配，不再单纯追求 GDP 增长指标，落实科学发展观，走可持续发展的路径。这也意味着中国经济会逐步进入一个比较良性的发展轨道。我们的经济从快增长到慢增长的转变，这种大环境也会带来微观市场环境的变化。企业作为经济体的细胞，应该如何考虑自身的发展呢?

新市场环境的形成，企业就会完全面对一个全新的经营、市场和消费环境，企业要应对这种整体环境变化，除了对企业的经营体系做出调整与重新定位外，还要在新产品开发方面取得突破。因为企业应对经营、市场和消费变化的主要手段就是新产品开发，新产品是企业应对新市场环境下各种变化的物质载体和直接手段。

笔者认为，新市场环境下新产品的开发要从以下四个方面准确把握方向。

方向一：新市场环境下开发新产品，要基于企业经营要素变化和市场竞争的因素，重新定位新产品的基准。

所谓产品基准就是一定时期内，一个产业内产品价格与产品形式的基本标准，也是产业内企业产品的几何中心，是同档次同价格产品的基本模型。

经济快速增长的繁荣时期，消费活跃、需求旺盛、购买能力较强，材料市场和产品市场的价格水平均呈上升趋势，企业新产品的目标消费群主要定位于更高层面的消费群体，以此推动企业产品升级和整体产品体系变革。这种变革和推移的过程，使企业产品的整体消费群定位，开始从大众主流消费群体走向了消费群细分，即新产品从大众市场走向了分众市场。基于新需求和竞争的要求，在既定的材料市场、消费市场和竞争环境下，形成了经济繁荣时期的产品基准。

进入经济新市场环境下，消费趋于保守、需求下滑、购买能力下降，这种情况导致供给市场必然出现材料市场供给疲软而物价回落，企业之间的竞争开始加剧，基于市场竞争的价格战、促销战或以调整产品基准为手段变相上演的价格战、促销战日益激烈。这样，产业内的大部分企业会根据材料市场的价格变化、消费变化和企业运营成本的变化，选择新的产品基准以此开发新产品参与市场竞争。

如方便面行业，110－120 克之间的 3 料包镀铝膜包装的产品，在 2002 年前后就是零售 1.5 元/袋的产品基准，而在 2004 年前后就是零售 1 元/袋的产品基准。2004 年以后，随着经济繁荣，市场的快速发展，整体材料市场和能源动力价格上涨，导致企业运营成本上升，到了 2008 年 5 月前后，110－120 克之间的 3 料包镀铝膜包装的方便面产品成了零售价 2 元/袋的产品基准。

从上述方便面产品形式与价格之间的变化不难发现，产品基准与产业以及产业内企业经营环境、市场环境和消费环境的变化是同步的。2008 年 11 月开始，随着整体经济进入新市场环境，方便面产业的材料市场价格水平持续走低，行业内企业整体经营成本开始降低，部分企业开始重新调整产品基准。如华龙对原来的“今野拉面”做出调整，采取加量不加价的产品策略，以“大今野，大中国”为产品诉求，以改变产品基准为依托实施新一轮的消费拉动和市场竞争。更为明显的是华龙集团刚刚推出的新产品——“大骨拉面”，也是以全新的产品基准向市场重磅出击，把 110－120 克三料包镀铝膜的产品直接由 2 元/袋拉到了零售价 1.2－1.5 元/袋。这种改变产品基准的新产品开发策略必然会成为整个方便面行业在经济新市场环境下，拉动消费和市场竞争的主要手段。

方向二：新市场环境下开发新产品，要基于自身情况及对萧条周期

长短的判断，做好新产品开发的长短策略。

进入新市场环境下，企业必须做好两手准备，一手即基于短期萧条的生存准备，一两年内企业应该如何度过；另一手是基于长期萧条的发展准备，必须要有一个长远打算。

面对全球金融危机带来的经济萧条，很多企业考虑的比较片面，要么只保守的考虑如何活命的问题，要么是不顾企业眼前的经营现实，忽略了企业的生存问题，一味地追求在新市场环境下中有更大的战略突围。

笔者认为，面对全球金融风暴带来的市场萎缩、经济萧条，企业必须依托新产品开发实施“短期先保暖过冬”与“长远再蓄势待发”相结合的“长短策略”，积极谋求企业稳定、健康和可持续发展。如何实施，具体如下。

首先是开发新产品要以市场为导向，降低风险、突出双赢。

面对新市场环境，每一位经销商都非常谨慎，所以新产品上市首先要把经销商及消费者的风险考虑进去，从以前的暴利心理转化为微利心理，突出双赢。经销商产品销售不出去，从厂家进的货也少，那么厂家也就赚不到钱，如林河酒业的新产品就是这样。首先把经销商的风险放在首位，一改以往首批提货、收取保证金的硬性方法，而是首批提货按照经销商的意愿，保证金分文不收，同时给予非常大的支持政策，市场操作起来再签合作协议，结果不到一个月的时间利用新产品打造出 10 多个样板市场，而且销售都非常好，那么经销商继续进货是必然的。

其次是投入较小、启动更快。

在经济萧条的大背景下，生意更加难做，那么企业上市的新产品最好是投入少、市场启动快的产品，这样不仅降低了市场运作风险，而且经销商赢利更快，如产品的广告投入，必须根据产品的特点进行合理的媒体定位和广告定位，不要盲目乱投，因为有些产品不一定非得整版投入或者电视广告拉动。

笔者服务的内蒙古乌兰木伦乳业，是冰淇淋行业的挑战者，结合冰淇淋产业2009年的产业形势和竞争态势，根据冰淇淋产业两大领导者向结构效益型转变的战略，为了在2009年实现产业地位和市场份额的战略性突破，在新产品方面采取了长短策略，即以加大0.5元/支产品的结构占比和市场投入力度，实施“短期先保暖过冬”，同时以插位策略直接开发3-5元/支的高端产品，以品牌化运作的战略投入，实施“长远再蓄势待发”相结合的“长短策略”。截至目前，该企业市场的运作开始发力，经销商年度销售目标签订和年度销售目标预付款比同期增长近2倍。

方向三：新市场环境下开发升级性新产品，要以品类占位为依托，让产品给消费者一个购买的理由。

经济繁荣期，衡量一个新产品能否成功，或者一个新产品要怎样做才能够获得成功，答案也许会很多很多。比如，一个独特的产品概念、一个诱人的包装、一个响亮的名称、一个独特的创意、一场浩大的宣传，等等。

但新市场环境下新产品的成功仅靠这些还是不够的，因为新市场环境下的新产品开发必须抓住产品的本质，即核心价值，并以强大的、独特的核心价值来打动消费者的心。进入新市场环境下，面对严峻的市场环境和竞争更加激烈的市场现状，开发新产品必须依托品类的成功占位，并依托品类占位塑造产品的独特卖点，让产品给消费者一个最直接的购买理由。

如白酒行业的洋河“蓝色经典”，以其“绵柔型”的品类占位和品牌内涵，两年时间，成功地实现了企业的突破，是中国白酒成功的典型性案例，究其原因，成功的品类占位应该是根本的内因。

无独有偶，进入2008年下半年以来，方便面企业受购买力下降、原材料市场和能源动力价格水平走低的影响，大部分企业开始上演价格战、促销战。面对市场竞争激烈趋势，处于方便面行业第二梯队的国华方便面，以“长远再蓄势待发”为导向，避开单纯的价格战、促销战，开发出升级新产品——“河南烩面”，定位于2元/袋的零售价，以独特的品类占位，迅速冲出市场，以不菲的销售业绩成为 2008 年方便面产业中的一匹“黑马”。

当然，品类占位并不意味着一定要成为第一，如果不能成为第一，只要能够不断创新，也能够在市场上占据一席之地。而品类创新的关键在于不断去细分、深挖消费者心中的潜在需求，这就需要企业持续的引导消费。

方向四：新市场环境下的新产品开发，要以消费购买力为基准，替消费者省钱的产品才是成功并为企业赚钱的产品。

经济大发展时期，消费趋旺，市场繁荣，当消费者的需要型产品得到充分满足之后，企业要想在市场上取得更大的发展，从产品的角度看，就必须实现产品使命的转型，即把核心产品从需要型转向需求型，再从需求型转向欲望型。

经济繁荣期，企业产品升级的追求就是在核心产品一定的基础上，以升级形式产品和附加产品为导向把产品做到极致，甚至是忽略了产品是以交换为目的的商品属性，把产品视为艺术品而追求绝对的完美，导致质量过剩、包装过度。这种行为在经济繁荣时期可能也无可厚非，而新市场环境下，消费者受到现实收入和未来收入预期的影响，变得非常理性，相比市场繁荣时期，消费者变得更加谨慎，不敢乱花钱，这就要求企业必须结合新市场环境下的消费特性，**开发新产品要以消费购买力为基准，牢记替消费者省钱的产品才是成功并为企业赚钱的产品。**

第二节　新产品如何快速成功进入市场

新产品的运作是个系统工程，但在这个系统工程里面存在着诸多的关键环节，如果能够准确把握这些环节并聚焦某一个环节就能引爆整个新品运作的系统能量，保证新产品成功地进入市场。

一、价格攻略

新产品的价格设定是新产品运作成功的根本，必须根据具体的市场资源环境、竞争环境、市场基础对新产品的通路价格采取不同的价格攻略。具体的可以采取以下两种方式：

1. 高价高促

这种攻略适合于竞争环境相对较弱，市场资源环境和市场基础、地位具有明显优势的企业，也可以说是企业的主体成熟的市场。因为具备上述条件的市场，通过“高价”既能树立企业与企业产品的形象，又能给新产品的通路价格预留足够的空间，延长了新产品的生命周期。同时，高价增加了通路成员的利润，对通路成员产生极强的拉动力、诱惑力。但值得提醒的是这种攻略必须把握一定的度，否则会给你的对手铺路；高促是通过高价实现营销资源的整合，从而把这种资源以促销的形式“砸”出去，迅速的产生市场的影响力和渗透力。因为价格的基本原理告诉我们：**任何产品不是越便宜越好卖，而是让人觉得占了便宜才好卖。**

2. 托底定价

当企业在具体市场不占据市场资源与市场地位优势的时候，也可以说这些市场是企业的薄弱市场。因为企业的新产品在此类市场里不具备较强的竞争力且阻力较大，如果采取高价高促的攻略会使新产品推广的整个过程遇到层层的阻力，甚至被二批或零售拒之门外而导致新产品夭折。这种条件下，通过对具体市场的竞品价格分析，减少所推新品的环节性、设定性加价以合理或较低的通路利润策略将产品推向市场，提升通路成员对新产品价格的认可度、接受度，而使该产品迅速进入市场。因为二批或终端零售商只对两类产品感兴趣：一是能够带来高利润的产品；二是周转速度比较快即消费者容易接受的产品。

二、渠道攻略

营销之争就是资源之争，说得更直接一些就是渠道和消费资源之争，而渠道资源是新产品进入市场的首要拼抢和占有的资源。可以说，渠道的选择是新产品能否成功的关键环节，合适的、正确的渠道是新产品的成长、成功保证，企业在对新产品推广时必须结合具体市场的渠道特征、竞品对渠道资源的把控和占有情况、自身对渠道资源的占有现状，采取相应的渠道定位和开发策略，具体有以下两种攻略：

1. 广种薄收

在通路深耕和深度分销的欢呼之下，渠道资源已经被瓜分、被破坏，新进入市场的企业或企业的新产品很难轻易找到渠道空间或切入点，很多企业要么是强忍刮骨之痛、掷重金强行进入自己不占优势或并不划算的渠道网点，结果是进入渠道之日就是企业或企业产品退出市场之时。如果企业能够认真的分析，没有相对的渠道空间和优势，也找不出渠道集中的突破口，采用“广种薄收”的渠道选择、开发和推广方式，以新产品外在或内在的品质对消费者有足够的拉动力为前提，对新产品在激烈的竞争环境中采取“广种”策略，既能避开强势竞争对手的打压又能让新产品植入适合生存的市场土壤，省去在二批或终端的死缠烂打时间，广泛的寻找机会和空间使新产品迅速在“面”上铺开并占据优势，就会出现“忽如一夜春风来，千树万树梨花开”的局面。

2. 渠道接力赛

在新品推广时，大部分企业只考虑自身的固有资源，即市场基础、市场地位、产品力、团队力，忽略了对外界资源的分析和利用。如企业希望通过自身的实力和能力完成对所有目标渠道网点的覆盖，就采取四面出击的战术，结果不是出现资源不济就是树敌太多而退却。实际上，企业完全可以采取“渠道接力赛”的攻略：即在一定的区域内选定一家具有网络覆盖能力的分销商或大二批，通过协议的形式约定双方的权利与义务，企业在财力、智力对他们支持的同时借助他们的运力、网络控制能力来完成新产品的推广。这样既可以弥补经销商势单力薄的缺陷又可以迅速完成推广，何乐而不为呢?

三、营销团队攻略

1. 重奖之勇

现实中，企业为了应对残酷的市场竞争形势，把所有的能够投入的资源几乎全部用于市场上，而关注企业内部员工尤其是营销团队的少之又少，甚至把大把大把的钱烧在市场上也没有拿出一部分用于团队激励。在物质社会主导的时代，我们不能在认为经销商唯利是图的同时忽略了我们的营销团队的物质性利益驱动。对于目前并不是十分富裕的营销人员来说，企业推广新产品时拿出一部分费用用于对营销队伍实行专项奖励，让新品推广时做到利益的共同体的一致性，我们的一线战将们才能去舍身“炸碉堡”，才能释放出最大的潜力与能量，企业也肯定会收到意想不到的结果。

2. 榜样之队

榜样的力量是无穷的，无论做什么工作首先做出样板然后推动整体工作，这样不仅能够摸索出成功的模式而且还能够避免杀伤整个团队的作战士气。推广新产品的过程本身就是个摸索的过程，而这个过程如果过长或太坎坷很多人就会因为信心不足而过早的散布失败的信息，这种局面绝对会导致新产品推广半途而废。在企业新产品推广时，从营销团队中精选出“尖刀兵”并成立新产品推广“尖刀队”，然后进行单独的专项训练，让他们在推广新产品时走在市场的最前面，不仅鼓舞着整个营销团队还能爆发出榜样的力量。这样不仅是以退为进的策略，更是“磨刀不误砍柴”的基本原理。

第三节　做市场从打造标志性产品开始

产品是企业持续增长获利并不断赢得市场竞争优势的核心手段，但为什么企业在这方面的努力成效不明显，甚至毫无效果呢？

尽管具体的原因不胜枚举，但主要原因是企业及企业的营销人员没有站在产品战略的高度认识标志性产品的意义与价值，没有认识到成功的营销是从打造标志性产品开始的。

一、什么是标志性产品

所谓标志性产品就是指能为企业赢得竞争优势，并能为企业的所有产品带来产品声誉的产品。标志性产品是企业开拓市场的利器，也是企业镇守市场的“封疆大吏”，更是企业应对市场竞争的“防火墙”。

实践中，我们可以**从两个方面探究企业的标志性产品：**

一是从企业内部看，标志性产品是企业产销量最大的一支产品，被企业俗称主导产品或主体产品。该产品使企业具备了规模生产与销售的能力，是企业同比单位成本最低且最具盈利能力的产品。标志性产品使企业的整体产品能力得到体现和升华。

二是从外部市场看，标志性产品是企业立足市场的根本性产品，它为企业赢得了行业地位和市场地位，成为企业市场竞争能力主要标志。标志性产品是企业产品群的灵魂，同时是企业“产品之王”。如果企业能够将标志性产品培育到行业性标志性产品，该企业的标志性产品会成为行业的标杆与旗帜，成为同行业企业产品的标准“参照物”，其他企业必须跨过这道坎才能与你同台竞技。某种意义上说，标志性产品为企业建立竞争的门槛。

二、标志性产品的作用和价值

如果我们能够站在企业整体产品战略的角度上，我们不难发现标志性产品的以下作用和价值：

1. 标志性产品为企业赢得市场地位

某种意义上说，市场地位代表企业的市场权力，拥有市场地位就拥有市场控制的主动权，市场之争就是市场地位之争，市场竞争的焦点是市场控制权即市场地位。有了市场地位的企业在市场中就有了说话的权利，市场的话语权又是企业引领市场发展和把握市场趋势的资本。

标志性产品为企业赢得了市场地位。首先是单品的高市场份额是标志性产品的显著特征，标志性产品支撑着企业的市场占有率，即市场份额。如康师傅红烧牛肉面作为方便面行业的标志性产品，在一定时期内占据方便面行业市场的绝对市场份额。当国内方便面企业华龙挑战康师傅成功时，华龙的最终体现是"今麦郎"成为标志性产品，而"今麦郎"在该时期占有绝对的市场份额。其次是高销量是标志性产品的必然。只有具备绝对销量的产品才能成为标志性产品，而这又是成为市场地位的先决条件。事实上，没有高销量就不会有高市场占有率和高市场份额，企业很难在行业中立足。

2. 标志性产品成就战略性局部市场

先有统一的产品才有统一的市场是个不争的事实，而成功的战略性局部市场必须具备标志性产品。战略性局部市场的建设过程就是标志性产品的形成过程，战略性局部市场的选择、开发、运作、培育、提升的过程就是企业对该市场标志性产品培育的过程。可以说，没有标志性产品就不会有持续成长的市场，同时，没有标志性产品就没有稳固的战略性局部市场。

3. 标志性产品为企业赢得产品声誉

企业的某一支产品一旦成为标志性产品就会出现"一人得道，仙及鸡犬”的效应，这是标志性产品所独有的效应，恰恰是这种效应产生了企业的产品声誉。我们通过标志性产品向消费者传递了企业的品牌文化，在消费群当中建立了企业的基本认知度，消费者就会对企业的整体产品产生第一印象且保持着先“知”为主的消费认知心理。

企业通过某一支产品的成功带动企业整体产品组合的成功也是标志性产品的必然结果。当企业在某一支产品上取得突破并把这支产品培育为标志性产品时，企业就会通过这支产品占有市场的优势资源，企业凭什么占有这种优势资源，肯定是标志性产品所赢得的产品声誉。

深究众多企业在产品运作上屡战屡败的怪圈，我们不难发现是缺少持之以恒的打造出一支成功的产品，即没有形成标志性的产品所致。

4. 标志性产品是企业产品体系“主心骨”

市场经济下的商品化时代是物质极为丰富的时代，企业希望用更多的产品来满足消费者不同层次的需求，往往采取了研发、生产更多的产品来实现这一目标，结果总是以失败而告终。为什么?

因为没有标志性产品，没有标志性产品，企业的产品群就失去了重要支柱，无论研发与生产的产品再丰富，这些产品放在一起的表现就是一盘散沙。同时，企业的产品出问题往往是标志性产品出问题，有些产品衰退只影响该支产品的市场份额，而一旦声誉产品出问题，企业的所有产品都受到牵连。

5. 标志性产品是品牌的脊梁

很多企业为品牌给企业及企业收益带来的好处所垂涎，一时间开始鼓吹与迷信品牌的力量，企业及企业的决策者开始在所谓的品牌建设上大把“烧钱”。

有营销专家在质疑，同时言之确凿地告诫企业“品牌不能当饭吃”。

没有人不相信品牌的力量，但品牌并不意味着必然有良好的市场业绩。恰恰品牌必须靠良好的业绩作支撑，没有良好的市场业绩作支撑品牌就会无疾而终。

品牌的直接作用在于区分产品等级而不在于销售业绩：品牌使不同

企业的产品区别开来，具有不同的身价，而是否能够产生理想的业绩，则有其他因素决定。消费者进商场前考虑的是选择什么品牌，进商场后吸引其眼球的是产品，确切地说是标志性产品的产品声誉。

对持币待购的消费者来说，品牌的力量远没有“会说话的标志性产品”的力量大。提到大众汽车，就会想起桑塔纳，说起康师傅，就让人想到红烧牛肉面。正是企业主导产品的“产品声誉”支撑着企业的品牌。标志性产品的产品声誉既是品牌最核心的基础，也是品牌得以落地的原因。那些无销量的“知名品牌”，就是没有标志性产品所致。

因此，对中国企业来说，品牌建设固然重要，但标志性产品及标志性产品的产品声誉建设更加重要。注重标志性产品建设，并通过标志性产品的产品声誉建设最终完成品牌建设，比单纯地进行品牌建设更加经济、更加有效。

第四节　产品诊断：把准产品五道脉

营销界，有人把产品比作打仗的武器，说武器不行无论你有多坚定的信心和意志，败局也是注定的；也有人将产品比作喝酒划拳时的酒量，说划拳的技术无论有多高，只要你沾酒就醉再好的技术都没用，因为再好的划拳技术或运气也不能保证你会“赢”到底。我想说：**产品是命根子，是营销人员的命根子，更是市场的命根子。**

营销实践中，无论碰上多少问题，多少难题，某种意义上都可以“归因”到产品问题和产品难题。现实工作中，营销人员尤其是一线营销人员对产品缺少研究和关注，过多地关注价格或促销，很难正确地把握产品问题。

那么，怎样为区域市场的产品把脉并开出治病良方呢？笔者提出以下几个方面的思考：

第一道脉：把产品设计研发脉，治产品先天性顽疾

案例：一家食品企业的元老级区域经理，一共负责过 6 个区域市场，但每一个所负责的区域市场都是毫无起色甚至滑坡，开始与他沟通觉得他对市场的认识和分析都比较到位，各种问题也能说出个子丑寅卯。当他谈起他所负责过的区域市场时，才发现他的问题所在：原来他把所有问题都列出来，均没有说出产品的问题，在对他所负责的区域市场诊断时发现问题恰恰是产品不适应当地的消费习惯。当他调换产品后销量很快实现翻 3 番。

从消费的角度，常见的产品问题为：

（1）产品品质不良。

（2）产品造型、包装或品牌有缺点。

（3）老产品上市太久且无“改头换面”，消费者已厌倦。

（4）已成为夕阳产品。

（5）消费者的消费需求趋势转变。

（6）本公司某一产品线深度不够，没有给顾客充分选择的机会。

（7）本行业的技术发展迅速，而本公司在研究与开发方面有待加强。

（8）竞争厂家推出新产品，其技术、品质或造型等方面胜过本公司产品。

（9）新产品不符合顾客的需要等。“医病探根”自古是中医之道，也折射出另一哲理：解决问题寻根。产品之根是什么？消费。消费是产品之根也是个不争的事实，不能适合消费者需求的产品就是不能适销的产品，不适销的产品必然会滞销。产品都滞销了，你还何谈销量？更不用说什么价格、促销、竞品。

第二道脉：把产品定位脉，开产品定位之处方

案例：刘某是快速食品企业新上任的区域经理，受命于公司战略性产品升级之际。公司要求市场产品全面更新换代，但公司的新上市的产品一连3个多月时间，基础销量持续下滑，下属怨声载道，上级领导已经下了最后的通牒。在与他的沟通中发现，他的问题是无法将产品与市场完成有效的对接，对产品定位把握偏失。不知道怎么选择产品或者对选择的产品不能进行市场定位，不清楚自己为什么要在市场上投放所选择的产品，只是在简单的应付公司的新品推广任务。

实际工作中，不清楚产品使命的营销人员并不少见，他们根本不去思考也思考不明白为什么要向市场投放产品？如果有，也只有一条：公司让推。不能明确把握产品使命，就不能真正地为所上市产品的成功负责。

对区域市场的产品定位是否准确，应该从以下几个方面把握：

一是熟悉产品使命和产品自身使命所固有的消费特性、市场特性、营销特性，然后依据产品自身的固有特性确定推广及运作模式。

二是实现这支产品的使命需要完成几步走的计划，如具体的时间周期。

三是给这支产品配备什么样的市场资源，或者说这支产品根植于什么样“土壤”才会成活、成长。如产品定位于什么样的消费群，用什么样的渠道将产品输送到消费者面前。

第三道脉：把产品推广运作脉，为产品成长指路

案例：参加一家方便面企业的新产品诊断分析会，该企业的一支新品整体推广期和补货期的销量很大，结果几个月后该产品急剧下滑，造

成公司采购的原料大量积压，他们怎么也找不到原因。经过认真分析发现，从开始销售到出现整体下滑，奇怪的是只有一个区域市场的量不但没有下滑反而一直稳中有升，继续分析又发现其他区域市场的单个市场上货量基本平均，只有这个区域市场的上货量是呈曲线上升发展，经过与区域经理沟通得知，只有这个区域市场是完成彻底地推广而其他区域市场都是把目标平均压给客户后完事。

产品推广中常见的问题有以下几个方面：

一是卖产品，只片面追求销售量而忽视产品的网点占有量，产品逐步走向萎缩而死亡。

二是夹生饭，只看推广期的网点而忽视补货期的跟进，网点逐步减少致使市场死亡。

三是眉毛胡子一把抓不突出重点，撒胡椒面式的推广方式造成产品影响力和渗透力较弱而退出市场。

四是不持续，单一追求某个品种的绝对销量涸泽而渔，这种“只烤火不添柴”行为和做法，只能导致产品因自身能量枯竭而死亡。更严重的后果是当柴燃烧殆尽的时候，即使后续有柴恐怕已无燃柴之火，市场的寒冬必然到来。

第四道脉：把产品市场使命脉，问询产品市场使命

案例：区域经理小张的最大苦恼是公司不能提供一支“复合型”的多功能产品。经过沟通明白他所谓的这种产品是公司有效益支持，客户有利润有干劲，价格低市场有竞争力，品质好有消费拉动力。这样的产品有没有？我只知道小张都苦苦追寻了6年还没找到，他还是一个老牌的区域经理。

所谓产品之命脉是产品自身使命和产品所承载的市场使命的结晶

体，它是产品的综合体，因为产品自身体现着行业、企业、技术、设备、消费及企业营销需求，在某一支具体产品上不可能体现所有优势，产品优势只能是产品自身固有使命和产品所承载的市场使命的结合优势。

通常，营销人员的“本位主义”会在实际工作中产生以下几个方面的问题：

一是对产品自身的固有使命缺少分析和理解，因在某种意义上说产品是基于消费而生，不可能简单地从营销的某一要素或市场的某一要素给产品妄下结论。

二是对产品所承载的市场使命片面追求某一单个优势的绝对化，如追求价格最低化的同时追求通路利润的最大化，这种矛盾无法根本消除，只有通过营销人员对产品深度挖掘或聚焦。苦恼于得不到“复合型”多功能产品，这种苦恼的背后只能说明大家对产品的市场使命认识模糊或者缺少对市场的产品研究。实际上，一支产品无论是产品固有的产品使命还是所承载的市场使命，都服务于或聚焦于某一的优势，比如突出产品的品质，本身就是用产品自身的拉力来体现市场竞争力。

三是不能通过对产品和市场的深度挖掘，找出二者之间的结合点。可以说，恰恰是这种统一体的结合点铸造了产品的自身优势和市场优势。比如遭遇竞争对手的进攻式竞争，我们既可以选择高品质高价位的产品建立更高一层抵御攻势，还可以选择低档次低价位的产品直接“拒敌于国门之外”，无论哪种策略并无对错之分，只有适合与不适合之别。

第五道脉：把产品结构组合脉，为产品建道“防火墙”

案例：某方便面企业在A地区曾经是连续5年的第一品牌，该地区也被该企业确定为战略性区域市场。但该区域市场该企业在半年之内却连续下滑，大有被竞争对手赶出之势。企业营销老总亲自上阵督战市场仍无丝毫扭转迹象。后来，我们负责去A区域市场调研，在走访过程中发现该企业在该地区只有1支产品的1个品种3个规格，我们很是费解。询问负责该区域的经理为什么会是这样，他的回答直接给了我们答案：过去就是靠这支产品成就了市场，因为没有别的产品所以现在还是这支产品。

市场竞争的加剧，固守过去无论多么畅销、多么成功的产品都不能适应市场发展。消费水平、消费意识和消费层次的变化，靠一支产品闯市场的时代早已一去不返。“多品种，多档次，大组合，小批量”的产品策略才是营销的核心。“过去就是靠这支产品并且成就了市场，因为没有别的产品所以现在还是这支产品”，这种“以不变应万变”的论调本身就是个悲剧。

只有用不同层次产品的纵向结构和不同类型产品的横向组合才能适应飞速变化的市场。相应，实现产品结构和产品组合的过程也是实现市场消费群、市场网络密度和数量最大化的过程，根老才能苗壮。

总之，产品是市场之根、营销之魂。只有深度的研究产品，才能从根本上杜绝区域市场问题误诊进而开具治标不治本的“药方”。

第五节　产品发展的核心是品类占位

怎样来衡量一个产品是否成功或者一个产品要怎样做才能够获得成功？答案也许会很多很多。比如：一个独特的产品概念，一个诱人的包装，一个响亮的名称，一个伟大的创意，一场浩大的宣传等等。但是，我们是否抓住了产品的本质呢？我们有没有真正打动消费者的心呢？我们发现，成功的产品往往具有一个特点：它代表着一个品类，并且具有能形成差异化的独特品质。比如，营养快线——纯牛奶+纯果汁复合饮料品类的代表，银鹭——牛奶花生品类的代表，汇源——100%纯果汁品类的代表，太太乐——鸡精品类的代表……基于这种事实，我们提出如下观点：产品成功的核心要素在于能否形成对某个品类的牢固占位！这个占位不一定是第一，但一定要成为一种代表，能够与消费者心目中的认知相匹配。

一、品类体现着消费者的本质需求

消费者首先关注的会是品类特性，他们需要知道这种产品是不是他们需要的产品，其次他们才会去关注品牌，这种产品类别中有没有令他们信任的知名品牌。这种选择顺序，其实是符合消费者思考逻辑的，因为产品本身的属性才是满足需求的根本，品牌则是附着在产品上的情感归属。因此，对企业而言，要在如此激烈的竞争环境中推出新产品并延长其生命周期，首先就必须要在品类上成功占位，然后再顺势构筑起消费者的品牌偏好。

二、通过洞察行业本质来推动品类创新

品类占位不是一厢情愿的事情，只有基于对消费需求的洞察，品类占位才真正具有可能性。有的品类看起来似乎有前景，但却与消费者的认知不相符。有一家调味品制造商，打算推出一种新型的调味品，称之为“第四代调味品”——菌菇调味料。该企业的原意在于利用丰富的野生菌类资源，研发出纯天然的绿色调味品，从而在味精、鸡精的品类中切分出一块大蛋糕。但经过消费者调研之后发现，对于企业的这种想法，消费者并不买账，菌菇调味料目前在鲜度上还无法满足消费者的需求，而根源则在于，消费者并没有将菌菇和调味联系在一起，这就大大增加了企业的教育成本。最终这家企业改变了营销策略，将调味料品类转型到了调味菜品类。

品类占位并不意味着一定要成为第一，如果不能成为第一，只要能够不断创新，也能够在市场上占据一席之地。同时，所谓的“第一”也是个相对的概念，只要创新，就有可能成为第一。品类创新的关键在于不断去细分、深挖消费者心目中的潜在需求，这是需要由制造商去引导的。

三、使品牌成为品类的“代言人”

基于目前竞争激烈的市场环境，企业实现品类占位后并非就意味着“高枕无忧”，稍不注意可能就会丧失既有的占位。企业要使品类占位具有持续性，关键就在于使自己的品牌与品类之间建立一种独特的、牢固的消费联想。只要消费者能够将这个品牌与这个品类联系起来，只要一提到某个品牌就联想到某个品类，或者提到某个品类就能联想到某个品牌，那么企业的品类占位就较为稳固了。比如，消费者一提到喜之郎就能联想到果冻，一提到“果冻”就会联想到喜之郎。

要使品牌成为品类的代表，除了在传播上要富于创意和系统性之外，同时还需要构建一套系统的品牌结构，并与品类结构相对应，使不同的品牌与相对应品类的内涵相吻合，如此方能确保消费者产生正确的联想。要达到以上目的，一般企业可以根据自己的具体情况，采用母子品牌或主副品牌的结构，在资源足够的情况下尽量使每一个不同的品类都能拥有一个相匹配的品牌，以便能使消费者心目中产生联想。

第六章

职业历练：从成长到成功

第一节　营销老总的“三纲五常”

在企业以营销为龙头的今天，营销老总也被推到了风口浪尖上。

营销老总是短命的，因为营销老总承载着企业某一个阶段的战略使命和营销使命。如果企业及企业的业绩不佳，这种业绩不佳无论是何种原因，企业首先拿掉的可能就是营销老总。如果你是个幸运儿，完成了企业或企业营销的阶段性目标，当企业面临下一个更高的目标时，就会带着一种审视或者是极其不信任的眼光开始为营销“易主”。

所有的现实和事实告诉我们，营销老总必须思考自己的生存法则，这绝不是一种自私，这是营销老总职业生涯的必须。

一、营销老总的“三纲”

1. 以老板为纲

营销老总身兼双重使命：一是企业自身的使命，营销老总必须为企业着想，能够为企业创造更多的利润；二是市场使命，即营销使命，营销老总必须能够代表市场，为营销团队、客户团队和消费者说话。

事实上，营销老总的两只脚分别踏在企业、市场这两个非常尴尬的点上，而平衡这个点的就是企业的老板，因为当你表现的与企业非常一心，市场就会下滑，业绩自然就非常差，这是老板不乐意；当你站在一线市场的角度，在疆场带队冲杀时，市场上升速度很快，业绩当然就非常好，结果老板就会不高兴，说你放企业的血，甚至是对企业敲骨吸髓。

营销老总必须以老板为纲，熟知企业及企业的战略使命，对企业具体阶段的目标要非常清楚，并与老板不定期地沟通，做到双方配合默契。

值得提醒的是：以老板为纲并不是唯老板是从，当老板的传话筒，甚至是营销老总成为老板的秘书；而是要求营销老总在理解企业及企业老板的同时，把自己的思想与行为充分与老板进行沟通并赢得老板的信任与支持。

2. 以企业整体部门及团队协作为纲

以企业为纲是说营销老总要以企业及企业整体团队为纲，充分完成与企业相关部门的合作与配合，学会使用企业的整体资源。

现实中，营销老总在企业总是以孤独的领跑者出现，主要原因是营销老总习惯于一线拼杀，或者总是站在营销的角度思考问题，养成了职业病或者本位主义。

事实上，营销的成功绝不是营销部门自己的成功，而是企业整体部门和团队协作的结果。大多数情况下，营销老总只对企业的财务部门感兴趣，建立一种协作关系，对采购、生产、质检、研发、服务部门总是不闻不问，甚至从骨子里认为他们的存在没有实在价值。这绝对是一种狭隘的想法。

营销老总必须以营销部门为纽带建立企业各个部门的协作关系才能促使营销成功。如果将企业的其他部门视为一种摆设，甚至与企业的其他部门老死不相往来，企业的营销及营销老总注定是要失败的。

3. 以谦逊为纲

现实中，营销老总之所以短命，或者在完成企业某个阶段的使命之后与企业分手，有一个主要的原因是营销老总从骨子里有与企业“论功”比高低的心理。

在企业的发展中，营销部门或营销老总比企业的其他部门或老总成绩更大一点、更重要一些。但营销老总还是应该谦虚一点，甚至说是有一点风格，绝不能独吞企业营销成功的功劳，不仅要做到成功共分享，更要做到成功归大家。

部分营销老总确实存在以自我为中心的行为，取得业绩之后就开始飘飘然，忘记了企业及企业其他部门所做出的努力，忘记了荣誉和成绩永远属于大家，一味地强调自己的功劳，就会给大家“功高盖主”的嫌疑，这样的话对于营销老总来说也绝不会有一个好的结局。

二、营销老总的“五常”

1. 以把握行业的未来与趋势为常

在营销团队中，基层业务员以把握市场的操作要点为常，对单个市场的运作策略和方法必须精通；基层主管以成功的把握和建设区域市场为常，把区域市场建设成为战略性局部市场；省级经理以把握整体区域市场的竞争格局和发展趋势为常，做好区域市场的经营与管理；总监以企业的整体战略和营销战略为常，贯彻实施企业的营销策略和决策；营销老总必须以行业的未来与趋势为常。

首先把握企业所在行业的行业环境。站在全球的高度，用经济的视角和思维，从宏观上把握国家的政策法规及未来的发展动向。作为营销老总，决不能只看眼前，必须有宏观的预见能力。

其次是把握行业的竞争环境与竞争格局。营销老总必须立足于企业的长远发展，并以此为依据判断企业所处的竞争环境和竞争格局。从营销的角度为企业找准自己所处的行业位置，并根据自己所处的位置决定自己的策略和战略。

最后是依据行业把握企业的能力。一个企业的把握绝不是老板一个人的事情，营销部门，尤其是营销老总有着不可推卸的责任。因为企业的战略与策略大部分是依靠营销老总来推动和实现的。营销老总应该依据企业及企业对未来的判断，制定企业的营销战略及策略，决定企业具体阶段的营销使命和目标。

2. 以企业的效益为常

营销老总必须牢记企业是一个实实在在的实体，企业的使命是效益，一个没有效益的企业注定是要失败的，那么没有效益的营销也绝不会成功。除非你是暂时的战略性的亏损，即便是这样，作为营销老总还是慎用为好。

营销老总必须很好地平衡企业和市场的关系，正确把握企业的投入与产出比。

无论从哪个角度衡量，营销老总都必须为企业的利润负责，总体把握企业的费用投入，合理控制营销费用的开支，避免费用投入的“黑洞”出现。否则，当企业的营销成为无利润营销时，营销老总就会是第一个下课的人。

3. 以带团队能力为常

打造具备成功素质的营销团队，并带动成功的营销团队不断地进步是营销老总的核心工作。

首先要利用企业文化及企业的组织文化带出一支具有凝聚力的团队。只有团队成员之间通过不断的磨合才能取得团队的进步，让营销人员的协作效果是“1+1大于2”的成绩。

其次是通过训练带出一支有战斗力的团队。营销团队与企业其他部门团队的区别就是其他部门更多地侧重于培训与传、帮、带，甚至是手把手地教。而营销团队就像运动员一样，靠的是现场训练，营销老总必须学会训练自己的团队。

最后是把营销团队带动为营销组织。团队的发展目标是成为组织，当一个团队上升为组织以后，通过组织的分工，团队就会有凝聚力威慑力。

4. 以公为常

公平正义、充满责任感是衡量营销老总的重要尺度。营销老总作为营销团队的负责人，必须能够伸张正义、公平公正。因为营销工作相对于其他工作更具有可衡量性和可评价性，即营销是数字说话。只要营销老总稍有偏失，所有人都能看出来，这样就会导致整个团队的不和谐。

5. 以营销团队的业绩、进步和生活均衡为常

营销老总专注营销业绩的增长无可厚非，但如果不能在营销团队的业绩、进步和生活中做出均衡的抉择，最终也会失败。

营销是市场论成败，业绩论英雄。营销老总应该有打造营销团队的目标使命感和荣誉感，因此在营销团队做出业绩时，在他们个人收入上予以体现，以期体现企业及企业营销的利益共同体。一个处在赤贫的营销团队，不外乎两种因素：一是团队的业绩非常差；二是营销老总忽略了团队的利益分配。

营销团队的进步是营销老总的责任，营销老总不能带动团队的持续进步，不仅是对企业不负责任，也是对自己不负责任。

关心营销团队成员的生活是营销老总的责任，也是营销老总成功的关键。试想，营销人员的生活质量很差，甚至苦不堪言，他们怎么可能全力以赴的工作，没有全体营销人员的拼命工作，哪有营销老总的成功！

第二节　营销总监成长的一三五原理

给一个营销总监班讲课的几天里碰见五年前认识的几个朋友，其实不是当年我在一个企业负责营销时与他们有一面之缘，在这几年里不曾见面、不曾联系。那时他们还是应届毕业生在找工作实习，也是“落榜者”（因为那次我们只录取区域经理职位的人）。不到五年，现在他们已经是相当不错的几个企业的营销总监，也已经在所在的行业内做出不少“可圈可点”的业绩。

他们告诉我：“每个人都能成功，因为每个人每天都在为自己的发展聚积能量，不过大部分人聚积能量的周期较长，也没有找到引爆自身能量的导火索，他们在岁月中消耗掉了自己能量，或者说他们没有把自身聚积的能量集中并有计划的释放，他们只是按照常规或等待的思想设计自己的成长、成功路径。每个人的成长、成功不是因为他们的能量聚积，而是因为能量聚积后的成功引爆。”

引爆的导火索是什么？他们说：“是围绕自己的奋斗目标做职业生涯规划，且反复思考并做出自我发展目标的年度规划，提出下一步自己的发展目标，不管你是老板还是职业经理。”

经过对诸多营销职业成功人士的研究，也发现了他们成长、成功的轨迹。在这里提出“一三五原理，引爆职业生涯成功核能”的观点，以期给那些渴望成功又在一线市场苦苦拼搏多年的营销人员以指导：

一三五原理的含义：

所谓一三五原理，就是一个营销人员以有计划的自我提升为前提，以职业阶层晋升为核心做出的自我成长职业生涯规划，并在每一个职业工龄周期内实现晋升目标的超速成长模式。

（1）一三五是个时间概念，是指营销人员的职业工龄。可以简单地理解为：新手进入营销职业的第一年；在营销岗位上做了三年；从事营销工作五年。

（2）这里描述的是营销人员职业生涯的成长轨迹。第一年是基本素质检验，如身体素质是否适合出差和长期的奔波，心理素质能不能承受不断加大的压力，性格是不是能从内向逐步改变为外向等。第三年是成长年，经过第二年的实践和学习，能从一个具体的市场操作者走向一定范围市场的管理者，或者说成为区域市场的管理者。如职务从业务员提升为区域经理；个人的营销基本功扎实，营销知识丰富等。第五年是发展年，经过在区域经理岗位上一年的实践和学习，个人已经具备了经营思想和管理技能，自身的综合能力较强，如市场的经营意识和能力，团队建设能力、培训能力等。

（3）一三五原理告诉营销人员成长过程中职业年龄的“黄金分割点”和“黄金年”。因为营销职业有其较为残酷的一面：首先营销人员吃的是“青春饭”，因为不能在一定的年龄内实现应有职业职务阶层，营销这条道很难跑到头，你能容忍自己当一辈子业务员吗？事实上，超过30岁的业务员很难在现有的单位有一个提升，即使到一个新企业去求职也很难受欢迎。从某种意义上讲，营销职业就像百米冲刺，你必须以最快的速度在最短的时间内冲出去，否则所有的一切努力都将付之东流。其次是营销很“毁人”，不是危言耸听，因为没有足够的自律能力和强烈的发展欲望，用不了多久你会两手空空，最后只能留下“嘴皮子”来结束自己的营销生涯。最后五年对于每一个人无论做什么事都是一个分水岭，人踏入社会五年，你都会发生很大的变化，从向往自由、闯荡走向了寻求归宿和寄托，从“一人吃饱全家不饿”到开始承担应有的责任和义务，因为“你已不是你自己了”。

（4）一三五原理又告诉大家一种观念，即如何树立一个人打破常规实现超速成长的观念，摆脱循规蹈矩式的发展观念，走出在“暗箱”中挣扎的困境，让自己的职业生涯发展目标和计划更清晰、更可控。同时也树立自我发展的目标和紧迫感，因为你职业生涯的“黄金期”只有五年，你必须在五年内实现“三大步上篮”。

如何利用一三五原理，引爆职业生涯成功核能？

首先，利用一三五原理检讨你的职业工龄和你目前在这个职业中所处的阶层。

（1）检讨你目前的年龄和你从事营销职业的时间。假如你刚好在一三五的点上，那么你达到对应的层次了吗？假如你还有一年的时间就踏上了一三五这个点上，请问你做好为下一个目标冲刺的准备了吗？

（2）检讨你自身所具备的素质和岗位工作技能。假如你是业务员，请问你优秀吗？你具备了一个区域经理应有的基本素质吗？假如你是一位区域经理，请问你的管理能力和经营意识怎么样？你知道自己离上一级职位还有多远？

（3）检讨你的提升速度和发展路径。假如你已经经历或正在经历自己的职业黄金年，你还没有走上自己应有岗位阶层，那么你知道是什么原因，你还有哪些条件不具备吗？如何尽快去补上这些东西呢？

其次，利用一三五原理设计自己的职业规划目标。

（1）无论你是准备走上营销职业还是已经在这个职业上走了一段历程，你都渴望自己尽快成长、成功，你更希望比别人走的快些。就请你设计自己的发展计划，按照一三五原理，找准你的职业发展黄金分割点，抓住你的发展黄金年。

（2）一三五原理告诉你了职业发展的非常规模式和路径。你就应该强化自己的发展欲望，打破常规，做好自我认知和自我职业生涯管理，重新找回并定位自己。

最后，实践一三五原理，实现自己职业生涯的超速成长目标。

（1）假如你是刚踏上营销工作一年的新手，你应该回顾你走过一年的道路，问一问自己：我真的喜欢营销吗？我适合吗？我能坚持到底吗？如果答案是肯定的，你就要做好自己明年的规划，如何提高自身的素质？如交际能力、表达能力、沟通能力、心理素质、个人形象等。

（2）假如你进入营销工作岗位是第三年，你应该回顾前两年走过的道路，问一问自己：你渴望做一个区域经理吗？你知道做区域经理应具备什么样的素质吗？你知道区域经理应有的能力是什么吗？你适合吗？如果答案是肯定的，你就立即行动，向你的领导充分展示你的能力和潜力，更重要的是你的热情。

（3）假如你已从事营销五年，你应该回顾自己前四年的道路。问一问自己：你的文案能力如何？你带队的能力如何？你有战略眼光和预测能力吗？你对你从事的行业了解多少？你的经营能力如何？假如答案是肯定的，你就确定明年的目标是“营销掌门人”。

第三节　销售总监的四“输”五“经”

作为销售一线的负责人，对企业肩负着经营与管理的双重使命，履行着企业营销系统执行的职责；对市场肩负着客户的信任与重托，履行着实践的职责。在惨烈的市场竞争下，销售总监始终生活在“夹缝”之中，祈求着绝处逢生。

销售总监要想生存的自由自在、左右逢源，必须深谙四“输”五“经”的生存法则。

一、销售总监的四“输”法则

1. 不会拓展生存空间，身陷困境

某种意义上说，销售总监在企业可以看成是个“不可能职位”，因为当企业有了营销副总或营销老总，就会使销售总监处于非常尴尬的境地。

一是企业及企业的营销团队会以营销副总或营销老总为核心，企业的决策者宠爱的是营销一把手，营销团队的成员也会对自己的一把手恭维有加。对于企业的决策者还是对于营销团队的成员来说，不是把销售总监看成受气包就是发牢骚、诉苦衷的缓冲地带。

二是销售总监是企业及企业营销团队的中介者，大家求你的时候即使是刀山火海也必须跳下去，一旦用不着的时候，会让你倍感冷寂，深感天凉好个秋。

三是过多功少，幕后英雄。企业的整体营销做好了是一把手英明，做不好是销售总监领兵带队的失误，你跳进黄河也洗不清。

事实上，销售总监又是个非常短命的“先生”。当企业的营销冲锋成功时，或许你已经走到了自身使命的尽头，会在一阵喧嚣之后黯然离去，那是因为你手中的大旗无法再次掀起冲锋的阵容；在企业营销举步维艰时，或许你已伤痕累累，会在一片唏嘘之声中悄悄走开。

2. 不会体现自我，言行唯上

销售总监既是营销管理者又是营销执行者，甚至说，执行之职大于管理之责。那么，营销总监如果不会在执行中管理，或者一味地履行执行之职，肯定会言行唯上，丧失自我价值。一个丧失自我的销售总监，只会鹦鹉学舌，人云亦云。

作为销售总监必须树立三个牢记：

一是牢记执行大任，视执行力为生命，深入一线身体力行，始终不丢掉前线的指挥大旗。销售总监是企业整体营销战略和营销策略的实践者、验证者，没有较强的执行力、指挥力，企业的营销根本不会打胜仗。

二是牢记自我价值，充分体现自己存在的意义。销售总监在做好执行的同时，必须善于发挥、敢于创新。自古有“将在外军令有所不受”的古训，能在一线中准确判断，大胆决策的销售总监才是优秀的销售总监。

三是牢记目标，树立强烈的目标责任感。销售是残酷的，因为有了可以直接说话的数字目标，对于销售总监而言，更为残酷的是业绩论成败，没有了业绩就失去了一切。可以说，目标让销售总监踏在了天堂与地狱之门的中间，达成了目标就进了天堂，否则必下地狱。

3. 不会身体力行，败在“中军大帐”

对市场变化的灵敏度是检验销售总监的关键一环，而要想对市场有充分的敏感度就必须保持对市场观察、研究的连续性，不间断地对市场走访、调研是销售总监的日常工作。

现实中，当了销售总监就开始坐在中军大帐中当指挥官，指手画脚。一方面忽视市场的客观变化，凭过去仅有的经验决策；另一方面听不得反对意见与不同的声音，追求所谓的个人权威与绝对权力，固执、片面的看待问题。

销售总监对市场做到全面、细致的走访与研究可能也是不大现实的，但如果没有自己的试验田和自留地，仅凭日常走马观花式的市场走访，根本不能了解市场的真实情况。这就要求销售总监必须以自己的试验田和自留地为窗口，用一叶知秋的形式保持自己对市场的真实认识。同时，销售总监请部分客户或一线市场人员做自己的顾问团也是一个不错的办法。销售总监挑选一些具有代表性的客户或一线业务人员，作为自己的“特约观察员”驻外，不定期的召集他们反馈信息、分析市场并提出个人建议，对销售总监来说可以是一举多得的美事。

4. 不会转化升华，生搬硬套

说销售总监是营销团队的中介，其因有三：

（1）销售总监介于决策者和管理者中间，间接参与营销决策而直接参与营销管理。

（2）销售总监执行的是企业整体营销战略，同时销售总监又必须将企业的营销战略演变成市场可以操作的营销策略，销售总监处于战略和策略层面的中间。

（3）销售总监介于企业与一线市场中间，一方面，他立足于企业比一般的销售人员更具有整体观，坚决贯彻企业的整体营销思想，另一方面，他必须立足于一线市场比营销副总或营销老总更具有一线的思维和行为，更多的站在一线市场上为现实的营销说话。

作为销售总监，最大的忌讳是不会做中介而偏倒于某一方，这样就会让自己处于夹缝之中，生存维艰。

怎样才能做好中介呢？笔者认为，从内到外做好转化的同时做好升华，避免生搬硬套才是唯一的出路。

销售总监必须将企业的整体营销思想与方案转化为可以操作的行为方案，同时，结合具体的市场情况，具体问题具体对待，这样才会将企业的营销战略与策略在升华中落地，让好方案真正地实现落地。

销售总监必须将一线市场的具体情况转化为企业可以借鉴与参考的决策依据，即把一线市场的实际情况转化为企业现实市场的可供研究性的方案。同时，结合具体的市场问题，透过问题抓住机会在转化的同时实现升华。

二、销售总监生存的五“经”法则

1. 立足经营做好管理

销售总监是企业的中高层营销管理者，对企业的整体经营承担着自身应有的使命与职责。某种意义上，一个没有经营意识的销售总监最终是难以胜任这个岗位的，只有具备经营意识和经营能力才能适应具体岗位的要求。

实施全方位的营销管理也是销售总监的天职，一个缺少管理意识和管理思想的销售总监绝对是一个不合格的销售总监，只有对经营、管理两手抓的销售总监才是企业最终胜任的销售总监。

2. 立足一线严把执行

现实中，销售总监以听汇报看报告为主，很少对一线市场深入细致的摸排。这种浮在水面上的工作方式，致使企业对整体营销的准确性缺少判断依据。同时，一线市场的工作开始变得越来越虚，出现企业正确的营销方案得不到有效的执行，或者是一线人员开始当面一套背后一套。

销售总监如果能够立足一线市场严把执行，不仅可以避免企业与市场出现两张皮的被动局面，还可以对一线市场的工作实施现场监控，确保企业营销路线的正确性。

二、立足全局聚焦局部

销售总监立足全局是必要的，但如果只会立足全局抓“面”上的工作，就会失去工作的侧重点而出现工作不分主次，胡子眉毛一把抓的现象。

所以，销售总监在立足全局的同时，必须聚焦“点”上的工作，善于简化工作，聚焦企业资源，树立“一线三点”的工作方针，即每个时期理出一条工作主线，抓好重点、热点、亮点工作。

三、立足现实着眼未来

营销的本身就是基于未来而做，基于未来才能看到希望，有了希望才有奔头。由于我们的销售总监需要在一线市场立足于现实而工作，这样就容易出现就现实说现实的工作习惯，一旦有了这种习惯性的思维就会出现只见问题不见机会的误区，造成销售总监的工作如救火，整天东奔西跑，被日常的琐事缠身而忽略了市场机会。

销售总监在立足于现实的同时，必须跳出现实，站在更高的层面上思考未来。

四、立足策略依靠团队

销售总监立足一线带兵打仗，自然相信是“韩信用兵多多益善”。但事实并非如此，因为这种单纯的“以人为本”，忽略了人力发挥作用的前提——策略。只有策略正确，团队的作用才能得以发挥与实现，没有正确的策略作保障，一味地喊冲锋口号，只能损兵折将。

销售总监作为一线战事的指挥官，必须有策略能力，并确保策略的正确性，避免强攻死守，坚持以智取胜。

第四节　营销经理人下市场干什么

提出这么一个问题，看起来似乎有点傻。也就是这种看起来有点傻的问题难住了很多相当优秀的营销经理人，也引发了一场思考。在前不久的一次论坛会上，“营销经理人下市场干吗”这个问题被提出来时，最初可能就没有在大家的脑子中停留，或许在大部分人脑子中一闪也就过了，或者想当然的认为这个问题太小儿科、太幼稚。

但真正要回答这个问题的时候确，大家确实犯难了。为什么?

因为大家总觉得太简单的问题不是问题，而忽略了简单问题蕴含着深刻的道理。因为我们的营销经理人仍然处在执行指令或者习惯性工作的状态，忽略了自己独立思考的空间而跟着感觉走，甚至被牵着鼻子走路。

“春夏秋冬忙忙活活，急急匆匆赶路搭车。”这可以使我们每一位营销经理人一年四季工作生活的真实写照。值得提醒的是：我们每一天都焦头烂额的忙些什么？这种漫无目的的忙碌，不仅自己辛苦，甚至还遭到企业的白眼：月月花那么多差旅费，你出去旅游啊！

营销经理人下市场干吗？笔者认为，营销经理人下市场是一门学问，笔者认为营销经理人下市场需要做好以下几个方面的工作。

一、例行市场监督检查的职责

例行市场监督、检查是营销经理人下市场的主要职责。营销经理人通过把自己的思想变成工作方案，然后根据工作方案制定实施计划与要求，但这种要求能不能按照计划去实施，就要打个问号。要想保证把自己的“好经”念好，就需要我们深入一线市场调查研究的同时做好监督检查。那么，应该怎样监督检查呢？

首先是营销经理人在下市场之前，必须做好两件事：一是相关销售资料的准备；二是列出本次市场走访监督检查的目的、要点。事实上，很多营销经理人在例行监督检查时具有极大的随意性，根据自己的感觉甚至是个人偏好片面的检查监督。加上没有充分准备相关的销售资料，造成没有信息支持，检查不出问题或检查出问题又不能拿出事实证据，这样，不仅不能警示下属也做不到全面的排查。如检查新产品专项推广工作进度时，你必须有月初的新品推广目标规划数据；检查销售目标达成进度时，你必须有月初的目标分解计划、上月实际达成目标和去年同期实际达成目标，这样不仅可以拿出证据以理服人还可以做到全面评价，避免出现抓住一点不及其余。

其次是监督检查过程中围绕本次监督检查的重点展开。一是不能偏离监督检查的主体，因为每个月或者每个时期市场都有工作的重点与主体，偏离这些不仅会让下属无所适从还会造成与当初的工作布置发生矛盾；二是不能在例行监督检查时“旧事重提”，让下属感觉到你在秋后算账，甚至是打击报复、官报私仇。

三是全面看待下市场监督检查工作。营销经理人下市场例行监督检查，有两个目的：一是正向的检查监督，即找问题、找漏洞纠正偏差，做出处理以确保整体工作的方向性、有效性；二是反向的监督检查，即找经验、找方法加以提炼后传播、共享。

二、了解市场变化，发现威胁与机会

“世界上唯一不变的就是变化”已是个不争的事实。营销经理人只有通过经常性的市场走访才能跟上市场的变化，通过市场走访保证自身对市场变化感知的灵敏度，才能不至于使自己的市场嗅觉退化。

市场走访在动态中发现机会与威胁，既可以调整过去的工作方案还可以为下一步的决策提供依据。值得提醒的是，营销经理人必须承认并依据市场的动态变化事实在市场走访中修正自己的工作方案，避免自己给自己“画地为牢”。

在了解市场变化时，主要是看未来的趋势。找到哪些是自己眼下就可以利用的，哪些还需要进一步的观察。不能将市场的变化一股脑的“装”起来。很多经理人下市场看到的都是“战争”，找不到也看不到深层次的机会，因为我们偏失了主体与方向，忽略了对消费者和产品的潜心研究，一味地去寻找所谓出奇制胜或置敌一死的“策略”。

事实上，关注变化的结果比关注变化本身更重要。道理非常容易懂，但知易行难。营销经理人在市场走访的过程中，对变化的表面花费了太多的精力，忽略了对变化的结果及这种结果本身所造成影响的关注。如看到竞争对手推出新产品，就一味地关注对手出了什么样的产品、什么包装、什么价位、什么促销，取得了什么样的市场效果，忽略了竞争对手推出该产品的产品战略、产品策略、市场目的与企图心；看到自己市场始终在摇摆中发展，看到了销量的起伏、渠道的得失反复，忽略了这些因素的形成与出现的原因。

市场走访寻找市场变化，必须关注市场变化背后的变化。否则，只能被市场变化的本身牵着鼻子走。

三、下市场“拐弯”，发现市场背后真正的问题

营销经理人在市场走访的过程中，必须做到围绕走访的目的、主题和要点，用不同的方式和行为达到目的，千万不可拘泥于形式和固定的“套路”。现实中，大多数营销经理人市场走访总是“三点一线式”，即用一条行走路线串起渠道网点、客户门店和住宿宾馆三个停靠点。业务人员非常熟知上司的规律，所以你看到的都是被特意安排和踩好的店，当然下属会跟你说：该做的都做了，你看，形势大好，就是没有销量。这种情况在大企业更明显，营销经理人下市场经常是下属、客户成群结队的前呼后拥，所走到的地方全是事先设防的“特区”，让你看到的全是带有某些特定目的的地方。

没有特别的需要，营销经理人下市场最好不要通知下属与客户你要过去，或者是通知了也未必让他们与你同行，需要沟通或指导工作可以在你走访结束时，专门安排时间进行。

四、通过走访，把成功的经验提炼总结为模式

通过市场走访，营销经理人一定要把具体市场的成功经验与方法加以整理，形成一套模式推而广之。现实中，很多市场或业务人员通过工作摸索出了很好的工作经验与方法，由于受个人归纳、总结和提炼能力的限制，这些宝贵的知识得不到推广与传播，这对于企业的整体营销来讲应该是个不小的损失。

那么，怎样才能将这些局部的、个体的、琐碎的成功经验转化为企业或企业营销团队的成功模式，进一步共享呢？

一是营销经理人在市场走访过程中，要不断地去寻找、发现、分析、总结提炼这些东西。我们必须认识到，大量的知识与成功经验不一定都在书本里，绝大多数是在我们的一线市场或实际工作中；二是发现好的

工作表现与业绩，一定要透过这些好业绩与表现的背后找到好的做法与方法，在肯定的同时予以提炼升华；三是对表现不好的工作与业绩，不要过多的关注结果，一定要深挖原因；四是系统的归纳、总结与提炼，最后集结成册，这样不仅利于推广、学习和传播，还有利于积累与沉淀。

五、找出在一定时期内解决问题、指导市场的方法

营销经理人不能例行公务性的下市场，也不能为了下市场而下市场。下市场的目的是为了避免无目的的、重复性的下市场，简单地说是下市场是为了不再重复性的下市场。要想做到这样，就必须通过市场走访总结出一套在一定时期内能指导一线市场运作和处理问题的方法。

市场的问题大多数是常规性老生常谈的问题，不外乎竞争、产品、价格、客户、渠道、促销等问题。

真正意义上的新问题很少或者只在特殊时期出现，如果我们能将大多数常规问题的解决方法系统化、格式化、模式化，就能避免很多不必要的麻烦和重复性的工作。

营销经理人要善于通过市场走访，将所碰见的问题进行归类分析，找出某一类问题的解决思路和方法。一旦这些问题都有固定的思路和解决方法，我们根本不用再天天充当消防队到处救火了。

第五节　区域经理上任如何闯关

一、新经理上任第一关

大多数企业里，新老区域经理之间的工作交接，都过于简单：一纸任命书下来，新经理“奉天承运”意气风发的走马上任，老经理荣升

者急急忙忙奔赴前程“马蹄疾”，被贬者抑郁寡欢两手一撒卷起铺盖就走人。来的人急着上手，走的人懒得伸手，结果是浑身激动满怀激情准备大干一场的新经理，咋接咋不顺手；更有运气不佳者，刚接俩仨月，自己又不得不拍拍屁股挪位置。

在一场4＊400米接力赛上，如果有一棒没接好，基本上就要输掉整场比赛。当把这一棒的交接过程进行慢动作放映的时候，我们就会发现上一棒选手和下一棒选手之间交接的动作，都不是最佳的。对于接力赛运动员来说，也许跑好自己那一段并不难，难的是如何顺利和快速地接过上一棒。因此，选手之间能否有效的配合和交接，成了决定接力赛成败的重要因素，也成了接力赛的亮点和魅力所在。

企业的区域市场运作队伍，相当于在进行着一个长长的接力赛。新区域经理上任，往往意味着整个区域队伍都开始了新的“100米”。从这个意义上说，新经理上任，不只是自己与原经理之间展开的一次接力，而是包括自己在内的整个队伍与原有成员之间的一次接力。

因此，新经理能否胜任的第一关，就是如何顺手接过“接力棒”！

二、因人而异，见人递招

运动员的幸福是他与上一棒选手之间，经历过很多次重复的接力训练，而且彼此之间非常熟悉。新任区域经理之所以未能顺利接手新区域，失误可能是从接手工作时开始，不了解上任经理及其营销思路和工作现状，更不了解整个区域的状况，从而使工作进行不下去。

单单从新经理与原经理之间如何进行良好的工作交接这一角度来说，新经理应该掌握“因人而异，见人递招”的交接方法。也就是说，新经理要根据原经理的个人状况及变动原因，来展开交接工作。

1. 原经理荣升：以师相称，虚心请教

2003年，某企业河北区王经理荣升为华东区总监，公司河南区一业务员张伟被任命为河北区经理。张伟在得到任命的第一时间内，就主动给王经理打电话，在恭贺王经理荣升为华东区总监后，就“王老师”长、“王老师”短的叫个不停。过去，公司从来没有一个业务人员称呼自己为“王老师”，而现在一个新任经理称呼自己为“老师”，甭提内心有多高兴。

在接下来进行工作交接的过程中，张伟依然是老师叫个不停，而王总监自然是非常喜欢张伟，耐心地指导着每项工作。凭借着王总监的大力推荐，张伟很快就掌握了河北市场的运营技巧，坐稳了河北区经理的宝座。

2005 年 7 月，王总监因业绩突出被公司任命为营销副总，而好学能干的张伟，也再一次赢得他的信任，被任命为华东区总监。

2. 原经理平调：人走茶不凉，公私两相宜

今年，某企业苏北区 L 经理被调往皖北区任经理，原在苏北区做销售的小曹被公司提拔为苏北区经理。小曹得知这个消息后，自己精心组织了一场小型 PARTY，会上一再感谢 L 经理对自己及苏北业务人员的培养，最后还与 L 经理共同高歌一曲《真心英雄》。即使 L 经理到皖北后，小曹每到一个市场，见到原有的业务人员，都会给 L 经理拨通电话，对他讲“领导，我和某某在一起，我们都很想你”等等。

L 经理很受感动，小曹每遇到问题请教，他都会毫不保留地提供意见给小曹；苏北区的业务人员，也都觉得小曹是一个很能干而且很尊重领导的人。在小曹的带领下，苏北区的业务人员不仅更加尊重 L 经理，同时也学会了尊重小曹。

3. 原经理被贬：以诚待人，以公做事

某企业鲁西区经理郑辉今年 7 月份以前业绩一直不错，但是，8 月份进入旺季以后，销量却一路下滑到 50% 左右。公司决定将郑辉降为

济南区经理级专员，而提拔苏北区的业务员高鹏为鲁西区经理。

高鹏来到鲁西，见了郑辉依然称其“郑经理”，并说给他带来了两样礼物请他猜。郑辉原本对高鹏并无好感，从内心上讲还有抵触心理，对公司的安排还一肚子委屈。可以说，高鹏来后的各种场面他都设想过，甚至还想好了到时让哪几个铁杆客户和业务员给他搞点难堪，唯独没想到的是高鹏见面后居然说带来“两样礼物”！

吃饭时间，高鹏从车上拿下了第一件礼物：一瓶苏北的特产“今世缘”酒。高鹏从“今世缘”酒“有缘、惜缘、厚缘”的品牌文化谈起，又谈到今世缘在苏北市场的销售运作和队伍建设，最后又谈到今世缘的新广告语“点点滴滴，贵在珍惜”。高鹏一番话讲完，郑辉不仅被高鹏的诚心所打动，更明白了一个道理：任何时候，面对每一项挑战，不管最终是成功还是失败，都应该去珍惜。

几杯酒下肚，郑辉也很快打开了心扉：今年淡季，公司给鲁西的压力很大，每个月大家都背着沉重的销售目标，到下半月几乎所有的工作都围绕着向经销商“压货再压货”。进入旺季后，一些在淡季压下的货，还没消化完。现在竞争品卖的是“新鲜韭菜”，且促销方式很吸引人，我们卖的是“前天的韭菜”，而且公司和经销商都不可能拿出新的促销费用和力度来，销量下滑我们有责任，公司更有责任啊，凭什么让我们累死累活还没个客观评价啊。

谈到这里，高鹏拿出了第二样礼物，说道：郑经理，我为你带来一幅郑板桥的名言“难得糊涂”，希望你们老郑家这四字至理名言，能够给你有所启发啊……

这一晚上下来，郑辉不仅认可了高鹏，而且将市场的演变状况、自己的委屈也全部倒了出来。在二人的共同努力下，高鹏、郑辉很快就拿出了市场调整方案，这两个月下来市场已经得到明显的改善，达到了历史最高水平。

第六节　管理领导的五个关键词

“领导”自己的领导称得上是技术活儿，要想真正做到“领导”自己的领导并避免最后落得人仰马翻的下场，必须把握以下 5 个关键词。

一、洞察——全方位认识领导及环境

无论是在企业或者企业的团队里，每个人都是用企业的环境来完成自己在企业或企业团队来定位的，这种定位既代表着一种分工同时也代表着自己所承担的角色。所以，下属要想真正地去认识自己的领导，应该在认识自己领导本身的同时去认识领导所处的环境。要想做到这一点，必须在下列几个方面发挥自己洞察的眼光和思维。

首先是洞察领导。要想洞察自己的领导，必须对领导的成长过程、发展经历、性格爱好、理想追求作出分析、判断，通过这些判断你就知道你的领导属于哪个类型，为以后自己去领导打下基础。如果你的领导属于事业型的，你在与他相伴时必须适时谦虚地展现自己的鸿鹄之志；如果你的领导属于家庭型的，你就适时表露自己的归宿感；当然，假如你的领导属于情感型的，你就应该显示你的义气与忠诚。

其次是洞察领导环境。所谓领导环境就是指领导在整体组织中所处的领导与被领导的结构、层级，包括领导在组织体系及管理链条中所处的位置。洞察领导所处的环境可以从两方面入手，一是领导的领导环境，即领导向上所面临的领导结构与层级，你的领导在企业或企业管理团队中所处的位置及未来发展的方向。二是领导的管理环境，即领导的下属层级与构成，你的领导所管控的管理半径、管理幅度与跨度。如果说你的领导是大区经理，那么他的领导环境就是销售部经理、市场部经

理、总监、副总，甚至包括总经理或老板；他的管理环境就是区域经理、业务员，甚至包括助代、促销员或经销商。

二、沟通——占据领导心目中的地位

沟通是市场经济条件下所有人生存和营造生存环境的一种基本手段，同时，在充满竞争的年代，学会沟通就是学会生存、善于生存。事实上，很多人不缺少沟通能力但缺少与领导沟通的能力，就是所谓的沟通智障，是说一个人不缺少语言表达能力和叙说能力，但在与具体的沟通对象沟通时却没有能力或没有方式表达出自己的真实意思，或让别人产生误解，或误解别人的意思。

与领导沟通的方式有以下几种：一是工作沟通，大多是正式沟通，选择的方式是书面沟通，口头沟通。这类沟通要求下属必须做好准备，把自己要向领导表达的意思予以条理化、层次化。二是生活沟通，即非正式沟通，主要是与领导在工作之余的相处与沟通，这种沟通的方式非常重要，因为非正式沟通是以情感联络为主体的沟通，这时领导已经放松了自己，没有了工作的压力和上下级管理阻碍。如果下属能够抓住时机也会给领导带来意外的惊喜。当然，如果这个时候谈话的内容广泛一些，向领导展示你在某一类知识上的深度与宽度也是个不错的选择。沟通的目的不仅是增进了解更重要的是拉近距离。

三、接近——成为领导的贴心“小棉袄”

实践中，大家之所以不愿意接近领导，有两个因素：一是自命不凡的持才放狂者，这类下属大多属于资格或经验颇为老道者，自恃有几分的才华和能力就抱着不屑与领导为伍，整天喊着“凭本事吃饭，不巴结权贵”的调子；二是自愧不如的本分做事者，这类下属大多性格内向或无一技之长，只想死心塌地干活甚至说是小心翼翼地干活，坚持不求有功但求无过的心里，时刻与领导保持一定的距离。

事实上，无论哪种原因不能或者不愿与领导为伍都是不妥的，因为没有哪一位成功的营销人是靠着与自己的领导唱对台戏获得进步和发展的。“心里能容下多少人你就能管多少人”不只是对我们的领导有用，我想对于想当领导的下属更有用。三国中，诸葛亮能继承先帝重托，矢志不渝的扶持“刘阿斗”那样的领导，尚未埋没其才华，我们还有什么不能呢？俗话说：海纳百川，有容则大。

如何接近我们的领导，成为领导的贴心“小棉袄”？

一是不断虚心求教，接近领导，就要全面地向领导学习。

二是跟上领导的“步子”，即站在领导的角度思考问题，在工作上严格按照领导的要求做到位。只有以领导为楷模才能让自己成为“领导”，把自己当成“领导”你就会跟上领导的步子。

三是成为领导的“倾诉”对象。因为领导的苦恼总比下属多，领导是下属的一把遮阳伞，天塌下来他肯定是个子最高的那个，我们经常戏弄领导说“背靠大树好乘凉”。当领导孤独或失意时，给领导机会主动地让领导对着自己“倒苦水”，你就成了领导的贴心“小棉袄”。

四、影响力——成为领导决策的高参

影响力是什么？影响力就是一种不依靠权力，凭借自己的品德、才能、知识、情感等个人因素对周围人所产生的自觉自愿追随的能力。影响力是一种综合能力，是个人魅力的外在表现。影响力是一种权威而非权力的体现。

如何在领导面前塑造自己的影响力呢？一是树立自己的良好形象，不仅在个人外在形象方面下功夫，更重要的是在个人内在修养方面下苦功，练就自己的大将风范。《孙子兵法》中论大将风度时总结了“幽、正、止、静”四个字，孙子认为将者必须有沉着大气，处变不惊的风度气质，才能在战场上率军取胜。二是勇于负责，坚守诺言。在关键时候要敢于做出承诺并不失时机地“露一手”，但凡承诺的事情一定要兑现，如果无法兑现就不要承诺。同时，敢于承认自己的错误，敢于打破自己的面子，因为承认自己的错误不会降低自己的威信，更不会让领导产生不好的印象和看法。三是做个团队的“润滑剂”。领导最为难的是在日常的琐事或集中会议时的争辩，往往有些时候让领导下不了台。你必须把握以下原则：即大是大非讲原则，小事小节讲风格；工作之中讲理智，工作之外讲情趣；执行政策讲理智，具体操作讲策略。

五、艺术——营造自己的“领导空间”

管理是一门科学，而领导是一门艺术。所谓领导是一门艺术，某种意义上说，领导的灵活性大，管理的灵活性较小。我们在“领导”自己领导的时候，也必须找到这种感觉并把握它，否则，当领导或自己的“同僚”嗅出其中的味道，恐怕就会把你的好意当成“驴肝肺”来敌视。

运用艺术性把握以下几点，就可以营造出管理自己领导的持续性“领导空间”。

一是低调做人，高调做事。尽管自己要“阳谋”的领导自己的领导，如果过分张扬很可能被人误解为阴谋，所以始终显示以工作和大局为重，把自己身藏在“幕后”也不失为上策。

二是在领导和“同僚”的两极之间给自己找到平衡点，必须坚持在大事上清楚小事上糊涂，不能叫板更不能较劲。

三是高奏主题曲——工作进行曲。无论什么时候，都要问自己是不是在以工作为主，以大局为重。如果没有清醒的头脑并时刻提醒自己，很难保证自己的调子是主题曲——工作进行曲。

四是让一步海阔天空。古人告诉我们：逐步可以怒而兴师，将不可以温而致战。所以，在对自己领导实施“领导”的时候，要与同事和睦相处，顾全大局，以忍为安。告诫自己“勤”和“忍”是做大事，成大业的根本要求。因为以退为进的宽容可以消除同事之间的怨恨，原谅别人的过错可以为自己营造更大的发展空间。

第七节 从基层到高层：让升职畅通无阻

职位对我们最大的挑战有两个方面：第一，能否升任；第二，能否胜任。从业务小兵到营销老总，就是升任、胜任、再升任、再胜任的螺旋上升过程。

为便于理解，我们不妨把营销职位简单地归为基层、中层和高层。从基层到中层，要升任与胜任，须过从运作到管理的坎儿；从中层到高层，要升任与胜任，须过管理到经营的坎儿。彼得原理告诉我们：每个人的发展过程中都会被推到力不胜任的工作岗位上，而成功者就是从一个又一个力不胜任的工作岗位上走过来的。**我们在升任前，为更高一级职位的职能修炼、储备得越充分，待新官上任后，胜任就越容易。**

一、基层到中层：运作到管理

从运作到管理的转变，是“销（售）而优则仕”的内在要求，很多企业都有提拔内部销售明星的机制。但是从运作到管理、从平民到干部（以后就是从“九品”到“一品”的问题）的坎儿是很重要也是很难跨越的坎儿。

基层营销人员的主要任务是运作，包括开发、推广和执行等。如果要走向中层，就要面临工作职能的转变：从体力劳动开始转向脑力劳动，或者说是更倾向于智力型的工作，因为基层或一线营销是执行层面的营销，而中层则走向了营销管理。尽管某种意义上说，处于中层的主管或区域经理仍然是置身于一线尚不“脱产”，但他们的工作已经与直接的一线工作有了本质性的区别。因为一线营销人员是一人吃饱全家不饿，但中层营销的主管就要“拖家带口”了。

基层或一线营销人员如何走过管理坎儿，或者说走过这道坎之后如何让自己在更高的层面上有所作为？我认为必须做好以下几个方面的工作：

（1）自我打造。面临管理坎儿的营销人员首先要从自我形象、气质和言谈举止上塑造自己，很多不拿自己当干部的人丧失了自己的管理形象而怎么也过不了这道坎儿；打造自身的亲和力、号召力和带动力是初涉管理者的必修课。

（2）树立管理意识和管理欲望，并认识、感悟管理。当业务员被提拔为区域经理的时候，可能很多人在自己面临管理技能坎儿的时候也自觉不自觉地看一些管理方面的书籍，但管理实践中的问题是无法全部从书本上找到答案的，必须用心认识和体会管理的精义。如在权和威的塑造上、使用上，如何把握尺度？如何匹配？

（3）学会使用基本的管理手段。基本的管理手段包括对自己团队的组织、分工、控制和对团队成员的素质、潜力、能力工作方面的评价。事实上，让团队具有凝聚力、战斗力、感染带动力是管理者组织能力的根本体现；让团队能够人尽其才、才尽其用，是一个管理者首要思考的分工问题，只有正确、明确的分工才能让管理的作用发挥出来；让团队形成良好的作风并按照管理者的意图做事是管理者控制的结果，控制就是管理者运用引导和约束两大管理策略向自己的团队成员灌输主要意图和目标的过程；学会评价不仅是一项能力，更是能不能胜任管理的基本标志，因为对团队成员做出客观、准确、公正的评判才能让团队更具发展力，才能挖掘出团队每个成员的潜力。事实证明，一个不能对自己团队成员做出评判的管理者绝不是一个合格的管理者。

二、中层到高层：管理到经营

经营是企业最高层面的工作，企业只有通过经营手段才能实现企业对机会、资源和战略的掌控。所以，经营的坎儿就是营销人员从中层走向高层必过的一道坎儿，因为作为营销的高层不仅是企业的管理者还是企业的经营者，经营型营销与管理型营销在企业营销工作中有着本质性的区别，经营层面营销者不仅要考虑到市场还要考虑到企业，不仅要考虑到销量还要考虑到利润，不仅要考虑到投入还要考虑到产出，不仅要考虑到战术还要考虑到战略。因为经营是一个综合性的体系，面临着诸多决策。

处在营销中层的人员如何迈过经营坎儿？

（1）加快学习，让自己的知识从点到面，形成一个完整的知识体系。因为走向经营就走到了营销的顶级层面，在这个层面，让自己多年实践积累的知识点系统起来变成知识面，是一个紧迫又必需的任务，所以要系统、深入地学习经营所必备的知识。很多人在走向营销高层、转为经营层面之后，不得不去学习一些过去认为无关紧要、看上去很虚很空的大课或大道理，实际上也只有通过这种看似很虚很空的东西，才能让自己的思维更具逻辑性、全面性，让自己从微观到宏观考虑问题。

（2）提升自身专业水准的高度和宽度。在走向营销的经营层面以前，大多数人只从事着单一的销售工作，对企业或市场的了解面窄，对企业整个运行系统的链条驱动性缺少关注。在成为企业营销高层或决策层以前，很多人不用关心企业其他部门的工作，更不去考虑企业所处的行业状况和企业所面临的宏观环境。

从某一领域的专业人才走向复合型的经营型人才，实际上是一个职能角色的转换，当走到了营销的高层，某种意义上已经结束了直接在一线的拼杀工作，更多地开始关注所在企业的“家底”和行业格局。但真正要直接从事经营还需要我们不仅关注企业还要关注行业，不仅关注经济还要关注政策法规。

当成为企业的营销决策者以后，如果不能提升自己的专业度，就会出现思考问题只站在市场的角度。没有足够的专业深度和高度的高层营销管理决策者，位子是很难坐稳坐久的。

（3）改变工作方式并提高自己的思想转化能力。与中层管理相比，走向营销的高层以后，更多从事着决策拍板与评判工作，不断给自己的团队传导思想与营销理念是主要的工作内容。**如果把基层营销看作执行，把中层营销看作监督执行，那么高层营销者的工作就是将自己的思想转化成可执行的工作方案。**

总之，过坎儿对营销人员来说是一件很幸福的经历，因为过坎儿意味着自身能力的提升或职位的升迁；对于营销人员来说过坎儿不是件难事，关键是必须提前认识并有目的、有计划、有步骤地积极行动。因为**“你要想成为你想成为的哪个更高层面的人，就必须具备你想成为那个人的思想和能力”**。

第八节　跳行，闯过三关露一手

笔者认识一个朋友，他在快速食品企业做了将近 10 年，由于特殊原因离开了原企业，因为他在原企业担任决策者的角色和对原企业感情的原因，他遵守了离职后不进入同行业的约定，选择了到其他行业就职。结果，没出 1 年的时间换了 3 家企业，这种频繁的跳动并不是他个人的本意，所以他本人非常苦恼，但总找不到原因。后来，笔者偶然碰上这位朋友以前任过职的企业老板，谈起这位朋友时，老板们说：不是业务不熟，也不是不适应，应该是缺少表现、表达的勇气。因为他总是保持沉默，作为企业的高层没有思想是不行的，但没有勇气更是无能的，该表现时一定要“露一手”。

跳槽可以说是一种选择，而跳槽跳出自己原先的行业便是一种抉择，必须重新塑造出一个崭新的自我。对于跳槽来说，到新单位可以很快进入工作状态；对于跳行来说，由于进入了一个几乎完全陌生的环境，无论过去自己做过什么，有过什么样的辉煌经历，可能都要沉默一阵子。但能不能打破自己的沉默，也是对跳行者的一种极大的考验和挑战，同时，跳行后在关键时候“露一手”也是跳行成功的一个标志。

跳行后，究竟应该如何在新单位抓住关键时刻“露一手”呢？笔者认为，闯完三关后就应该“露一手”

一、闯三关

1. 第一关：心静关

对于一个跳行者，到了新行业、新企业之后，心里一定要恢复平静。首先是无观点性认知，消除自己过去对企业的固有认知，重新了解企业、认识企业。因为很多人会凭着过去的经验和主观意愿来看待眼前的东西，但是不同行业即使企业规模、发展阶段、管理模式、经营理念、企业背景完全一样，出现问题的根源和解决方法也完全不一样。其次是多找机会少挑毛病，中国不缺少企业问题的诊断专家或管理者，但绝对缺少真正解决问题的专家或管理者。如果一个跳行者到一个新的环境里发现不了问题无可厚非，但如果只发现问题却发现不了机会的话只能说明他本人没有走出心灵的误区。何况，一个无论处于什么层面的新人在一个陌生环境里指手画脚总是让人从骨子里感觉不舒服，倘若只提出问题又不能提出解决意见，还会多少让人感觉有点不合作、不友好之嫌。最后是容忍和包容的心态，牢记冰冻三尺非一日之寒。

每个人改变了环境之后都会给自己加上事业和工作的砝码，同时也是发自内心的做事，但由于这种自我加压和驱动会使自己始终处于一种焦急和等待的心理状态，脑子里的每一根神经都绷得过紧。如果缺少必要的耐力和承受力，就会产生消极的想法或主观的认识，出现个人对问题的处理大包大揽或疾恶如仇的心理。

2. 第二关：感悟关

“隔行如隔山”是对跳行者的一个提醒，同时也说明跳行之后必然要翻过这架山，要想翻过这架山必须用心感悟，因为这座山是技能性也是心理性的障碍，要求我们的跳行者：

一是万变不离其宗，因为任何事物都有其本质性的特征和属性，在存在差异的同时必然有相通的一面。如营销，不同行业和企业的营销有着不同，企业之间的营销模式、营销理念可能千差万别，但从营销的基本原理来看是一致的，营销的使命是相同的，各个企业的营销都是围绕消费者（顾客）展开的。所以，在承认个性的同时也必须看到共性，把个人过去的积累和现在的结合就是一个从聚集转化到应用发挥的过程，成功实践了这个过程就是跳行成功的过程。

二是普遍联系，世界万物的必然联系是个不争的事实，但这种联系存在着自然界最基本的哲理——因果，无论企业经营过程中出现什么样的结果，都有与其结果对应的原因。如快速发展的企业，它的成长和它所在的行业、拥有的资源、选择的经营模式存在着一种必然的对应关系，我们不能静止地或孤立地看待问题，当具体的、特定的环境改变以后真理就有可能变成谬误，何况我们的认识是并不怎么成熟的经验呢?；

三是悟理明事，理通事成。俗话说：不懂理则不讲理。只要读懂道理，做事就是手到擒来的，跳行只不过是对具体做事方法的再认识，但方法不是亘古不变，而道理和方向是永久的。做事和处理问题的原理只有一个，但方法可以有很多种。现实中，很多营销人员总是只顾低头拉车，不去抬头看路，一味地为了目标、销量去穷途狂奔，不知道思考自己为什么这样做，这就会出现生搬硬套、邯郸学步的状况。

3. 第三关：尺度关

跳行对于自身的压力是最大的，因为不仅自己的认识归零，甚至连自己最基本的经历、资历都有归零的感觉。但跳行者如果能够真正的“跳行不出行”，将自己的积累转化到新行业中既是跳行成功的基础也是对自身资源节约利用的表现。

如何能够实现这种积累和再积累的转化、利用，从而闯过尺度关?

一是把握分寸。创新就是比别人快半拍。到新行业后，跳行者会把自己原来的积累，尤其是成功的经验和案例嫁接到新行业新企业中，但必须把握尺度，否则就会上演超前一步死的悲剧。实践中，跳行者没有能够把握嫁接或创新的分寸，出现操之过急的行为之后，首战告败会使自己的整体工作陷入被动。

二是先吸收后转化。跳行者只有不断地吸收新行业的东西才能给自己的转化奠定基础，如果不吸收就转化只会造成生搬硬套或东施效颦。

三是把握节奏。做事都一个基本统筹安排，保持节奏的本身就是对事物均衡发展的最大调节。如跳行者必须做到同样的工作在不同行业不同企业的推进速度、频率是不一样的，如果忽视这种对节奏尺度的把握，就会导致做事效果的偏差。把握节奏实际上也是为自己的储备赢得更多的时间和机会。

二、露一手

如果跳行者能够闯过上述三关，也就是在“露一手”之前，从心理上、认识上、技能上有了充分的储备，这样既可以让你的思维逻辑性更强，这样就可以主动“露一手”：

（1）上级领导主动找到你谈话时，你必须能够将自己最真实的感受加工成较为理性的思考汇报。因为很多人在谈自己的认识或看法时，往往会变成自己的感受，而这种谈感受的认识又会让人觉得多少有点靠不住或者没有高度。要想让你的首次发言更有水准，就必须让自己的认识或观点建立在一定高度之上。否则，要么证明你还没有找到感觉，要么说明你的反应比较迟钝。

（2）集体谈话或小型会议上，上级主动让你发表自己的看法时，你必须能够有自己独立的认识和观点。否则，只能跟着别人人云亦云，给大家留下不好的印象和认识。

（3）不同场合的发言机会，因为无论是正式或非正式的场合，作为一个新人你都会受到更多的关注，这本身不是坏事。假如大家不去关注你的存在，除了说明你没有营造好自己的生存空间外，还说明你并不是很重要。

（4）当你接到专项工作时，说明领导已经开始给你定位了，如果能够确保首战告捷，就会奠定承担更多任务和角色的基础。

当然，很多人在自己能不能或该不该“露一手”的问题上犹豫不决，存在着这样或那样的顾虑。事实上，只要能有充分的准备，不要有“语不惊人死不休”的过高期望心理，放平自己的心态，抱着学习和参与的态度就会有满意的结果。

第九节　小企业也能练就大本事

中国有句俗话：宁为鸡头不做凤尾。但很多人，尤其是我们的营销人还是被钱钟书先生《围城》中的一句话所困：外边的人（小企业）想进来，里边的人（大企业）想出去。因为小企业的人始终对大企业的人有一种仰视的感觉，并且有一种自卑心理；而大企业的人却能很轻松地超越小企业的人，并且大企业的人从骨子里都能表现出压倒小企业人的一种气势。

是不是说小企业人的本事小呢？我们认为：答案是否定的。因为在小企业里照样能练就大本事。

什么是大本事？这是我们必须思考的问题，只有界定了这个问题。我们才能给这个问题找一个较为公正的答案。

什么是大本事？笔者认为大本事不外乎以下几个方面的含义：能够成就大事业的能力，或者具备到更高层面企业的工作能力，也可以说是在原企业、原岗位上能够胜任更高层次工作的能力。我们检验、衡量一个人的能力不能是主观臆断，应该是有具体的标准，尽管能力是无形的东西，但能力的产物是有形的且具备可以衡量的尺度。

善于把握机会，有效整合、利用资源，为自己拓展生存和发展空间，并不断推动自我提升的能力。对于想做事、做成事的人来说，他们所能利用的资源都是非常有限的，他们总能走过一个从无到有的过程，并且这个过程就是本事体现的过程，也是成功的过程。

一、小企业练就大本事的独特优势

1. 小企业练就“复合型”人才

因为小企业相对分工不细，一个人从事着大企业几个人甚至几个部门的工作。如小企业的业务员既要调研市场，又要从事经销商开发，还要制定市场一系列运作方案，更要兼管企业与经销商的账务，甚至网点开发与巩固等工作。所以小企业的业务主管既要从事管理，还要从事产品研发、价格体系设定、销售政策的制定与执行、企业相关部门的工作协调与配合、整体市场工作的策划等。

2. 小企业练就“个体精英”型的团队

因为小企业没有能力或者没有条件进行企业各个部门各项职能的细化和明确的职责界定，一个人或者一个部门从事着多个人或多个部门的工作。那么，小企业的考核就没有大企业“讲究”，因为小企业讲“实惠”，考核就是硬指标——业绩；大企业讲“形式”，考核和衡量员工的标准是综合的，既有硬指标，更有软指标。从另一个角度来看，大企业讲的是团队分工后的配合战，他们每个成员之间都相互牵制，要想胜利必须协同作战，个体很难突破组织目标上限；而小企业一般是单兵作战，团队成员的每个个体都是整体目标的一个完整个体，这些个体成员之间相互的牵制、联系性较小，具有较大个体的独立创造空间，个体成功很容易突破整体组织目标的上限。

现实中，在小企业里经常会发现“最可爱的人”，他们往往创造了不平凡的业绩，这些业绩被很多行业中老大哥所称道。

3. 小企业用最艰苦的环境塑造了最有战斗力的人

与大企业相比，小企业没有品牌的光环，没有相对充裕的市场运作资源，没有更为明确的战略指引，没有相对较高、较稳定的收入，甚至没有基本的生活条件。但他们没有畏惧，没有计较个人得失，没有怨天尤人，依然乐观面对。

笔者从事营销工作近 10 年，前 8 年是从小企业的一个业务员逐步走到营销副总的位置，后两年在国内大型上市公司、食品行业领头企业做分公司营销总经理职务。在大企业工作的这两年，总是怀念在小企业工作的情景：尽管艰苦但过得充实，尽管压力大但富有成就感，尽管条件有限但工作相当扎实。没有品牌的光环却能使产品受到消费者的青睐，没有充裕的资源却能固守一片疆土，没有战略指引却一步一个脚印。

二、在小企业练就大本事的四大法则

要想在小企业练就大本事，除了明确什么是大本事以外，还要认识小企业的内外部环境，自己所能利用和借助的资源，以及如何通过整合资源为自己营造生存与提升的空间，进而练就自己的大本事。

小企业处于相对较小的环境，从某种意义上讲，对外界环境，尤其是影响行业、企业的宏观环境感知度较小，所以小企业及小企业的人员必须在认识企业内外部环境上提高层面，站在足够的高度认识自己的生存和发展环境，才能避免进入“只顾低头拉车不顾抬头看路”的被动局面。小企业可以走得慢，但必须看得远、看得高。

1. 因果法则

因为中国的大企业总是占很小的比例，在大企业的人总是少数，而在大企业里创造出可圈可点的业绩更是凤毛麟角。所以我们必须在承认现实的同时去不断塑造自己，培养自己具有为事业奋斗的能力，因为付出总有回报是亘古不变的真理。

2. 控制的法则

小企业的组织松散且管理体系不健全，在小企业里工作缺少环境的管控能力和塑造力，如果一个人没有足够的自我控制能力，你很难有所作为，尤其是营销人员。

自我约束和自我管理的能力是对小企业人员是否成功的一个极大考验。小企业的人，管理自己的思维，进而管理自己的行动，你就能控制自己的命运。要想控制自我的生活，你就得对自己的所有行为100%的负责；不接受责任，你就无法获得对自己思维和行动的控制。控制是积极思考的必然伴侣，责任是积极生活的必然伴侣。控制起源于你的思维，思维决定你的表现。

3. 信念法则

信念是你生活中创造积极变化的最关键力量。所以小企业的人无论是对于企业还是个人都必须有一个基本的信念，你坚信任何企业都是从小做大的，企业成长的过程就是员工成长的过程，事实上，这也是练就大本事的过程。

4. 吸收法则

由于小企业受自身的条件所限，企业自身的文化力和文化氛围较弱，加上忽略对员工的教育、培训，所以如果小企业的人不能培养自我学习的能力，不仅造成理论和认识的落后，更主要的是导致一个人思维模式的固化、进取精神丧失。

上述因素导致小企业相对封闭，吸收外界东西的机会较少，要么是井底之蛙，要么是故步自封，小企业的人只有打破这种观念，不断的打造自身的学习力，广泛吸收和利用各种信息才能推动自我前进。

2014 新书预告:“变局”系列丛书

实体店销量下滑、线上线下冲突不断,互联网、大数据、OTO……,市场一线的压力让企业痛苦,扑面而来的新名词、新玩法又让企业焦虑甚至恐惧。

谁都不想成为恐龙,怎么办?希望2014 年陆续推出的“变局”系列丛书,能帮助企业看清方向,心中有数!

- 《变局下的**营销模式**升级》程绍珊　叶宁著

营销模式怎么变,无外乎三种方式:客户驱动模式、技术驱动模式、资源驱动模式!

- 《变局下的**白酒**企业重构》杨永华著

白酒行业从扩容式增长——“你增长,我也增长”,变成竞争式增长——“你死我活”,产业整合大势中,谁能活下来?需要哪些条件?怎样才能做到?

- 《变局下的**快消品**营销实战策略》杨永华著

通胀了,成本增加,涨价也不是长久办法,如何从一招一式的被迫应战变成心中有数的“系统战”?

- 《变局下的**工业品**企业 7 大机遇》叶敦明著

产业链条的整合机会、盈利模式的复制机会、营销红利的机会、工业服务商转型机会、渠道的合纵连横机会、借船出海的资本机会、电商机会……

- 《变局下的**农牧**企业成长 9 大策略》彭志雄著

食品安全、纵向延伸、横向联合、品牌建设……是挑战,又都是机遇!

- 《变局下的……》敬请关注

BRACE 北京博瑞森图书 图书导读

为了帮助读者更快、更方便地找到自己需要的书，让书发挥最大价值，我们精心制作了这份导读，希望对大家有所帮助！

博瑞森的书，最适合谁来读？

经营者（老板、总经理、董事长、企业家、合伙人、厂长等）和**管理者**（企业高层、中层和部分基层管理者）以及企业的**骨干员工**（思考如何为企业创造更大的价值），你就是我们的读者，共同的战友！

因为我们相信，你就是影响企业发展大局的关键人物，影响你，帮助你，和你共同学习成长，就是和中国企业一起成长！

博瑞森的书，最大特点？

我们坚持“企业视角，本土实践”的出版理念，要对企业实践产生实实在在的作用。

“本土”——理论和思想可以来自古今中外，但一定要适应本土；

“实战”——作者都是从企业、市场中摸爬滚打出来的，实战性是渗到骨子里的；

博瑞森的书，怎样“读”，作用好？

免费电子版，手机随时“读”

我们 **90%** 的书都提供**免费**的**全文电子版**，下载到手机（或 Pad、电脑）里，让惜时如金的你，获得最大程度的阅读自由！

操作方法：回复图书编号（封底下部或内文第 1 页底部的 4 位数字）和你的邮箱地址。例如回复“1205 + zhang＊＊＊@126. com”到手机 13611149991，2 个工作日内即可在邮箱收到图书的全文电子版。

QQ 群，读者间讨论着“读”

加入“**博瑞森读者群（202230847、190415943）**”的 QQ 讨论群，你的困惑、感受和读者、作者随时深入讨论！

操作方法：入群口令为“图书名称 + 手机号”。提个醒，群里有事说事，别乱发广告、搞笑段子，会被踢的。

作者见面会，带着问题“读”

“书看了，很好，但还是不知道该怎么做！”——正常，实践没有那么容易。参加作者见面会，带着自己的问题，现场指点很重要！

操作方法：作者见面会每月都有，不收取任何费用。加入我们的微信公号

(bookgood2005)查看或给 bookgood2014@126.com 发封邮件,咨询详情。

微信、书摘邮件,天天点滴"读"

"书太厚,不容易读"——通过我们的微信公号(bookgood2005)或者你的个人邮箱,你每周都会收到2次博瑞森书的精品书摘,三五百字,便于精华快速地吸收。

操作方法:加入我们的微信公号,或回复你的邮箱地址即可。

更多方式的"读"

我们知道,以上这些还远远不够,你的感受、不满随时告诉我们(13611149991,bookgood@126.com),我们一起创造更多、更精彩的"读"……

分类导读图+书目

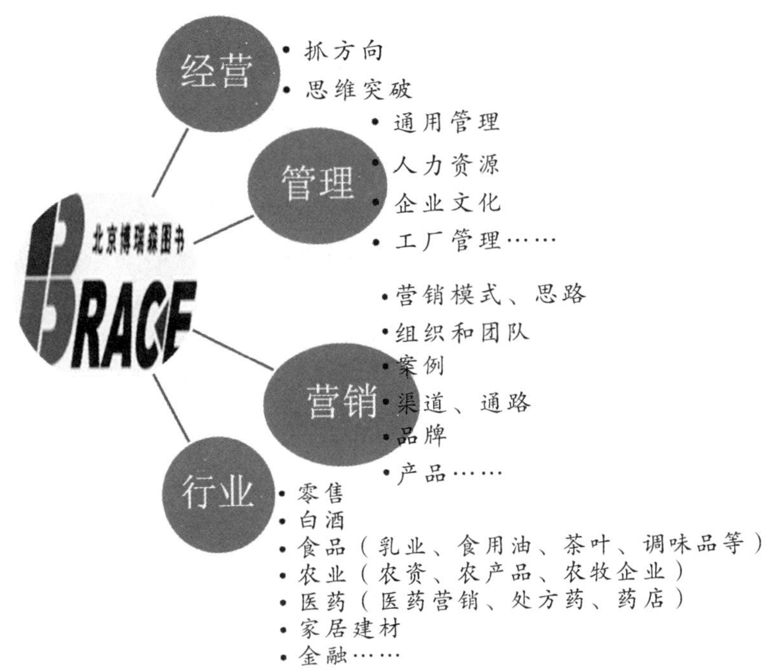

更多实战好书,请关注**"博瑞森图书直营店—淘宝网"**

淘 http://qiyeshudian.taobao.com/

行业类：零售、白酒、食品/快消品、农业、医药、建材家居			
	书名．作者	内容/特色	读者价值
零售	**涨价也能卖到翻** 村松达夫　【日】	提升客单价的15种实用、有效的方法	日本企业在这方面非常值得学习和借鉴
	1. 总部有多强大，门店就能走多远 **2. 超市卖场定价策略与品类管理** **3. 连锁零售企业招聘与培训破解之道**　【3待出版】 IBMG国际商业管理集团　著	国内外标杆企业的经验＋本土实践量化数据＋操作步骤、方法	通俗易懂，行业经验丰富，宝贵的行业量化数据，关键思路和步骤
	零售：把客流变成购买力 丁　昀　著	如何通过不断升级产品和体验式服务来经营客流	如何进行体验营销，国外的好经营，这方面有启发
白酒	**变局下的白酒企业重构** 杨永华　郭　旭　著	帮助白酒企业从产业视角看清趋势，找准位置，实现弯道超车的书	行业内企业要减少90%，自己在什么位置，怎么做，都清楚了
	1. 白酒营销的第一本书 **2. 白酒经销商的第一本书** 唐江华　著	华泽集团湖南开口笑公司品牌部长，擅长酒类新品推广、新市场拓展	扎根一线，实战
食品	**乳业营销第一书** 侯军伟　著	对区域乳品企业生存发展关键性问题的梳理	唯一的区域乳业营销书，区域乳品企业一定要看
	食用油营销第一书 余　胜　著	10多年油脂企业工作经验，从行业到具体实操	食用油行业第一书，当之无愧
	中国茶叶营销第一书 柏　龑　著	如何跳出茶行业"大文化小产业"的困境，作者给出了自己的观察和思考	不是传统做茶的思路，而是现在商业做茶的思路
	变局下的快消品营销实战策略 杨永华　著	通胀了，成本增加，如何从被动应战变成主动的"系统战"	作者对快消品行业非常熟悉、非常实战
	调味品营销第一书 陈小龙　著	国内唯一一本调味品营销的书	唯一的调味品营销的书，调味品的从业者一定要看
农业	**农资营销实战全指导** 张　博　著	农资如何向"深度营销"转型，从理论到实践进行系统剖析，经验资深	朴实、使用！不可多得的农资营销实战指导
	农产品营销第一书 胡浪球　著	从农业企业战略到市场开拓、营销、品牌、模式等	来源于实践中的思考，有启发
	变局下的农牧企业成长9大策略 彭志雄　著　【待出版】	食品安全、纵向延伸、横向联合、品牌建设……	唯一的农牧企业经营实操的书，农牧企业一定要看
医药	**新医改下医药营销与团队管理** 史立臣　著	探讨新医改对医药行业的系列影响和医药团队管理	帮助理清思路，有一个框架
	医药营销与处方药学术推广 马宝琳　著	如何用医学策划把"平民产品"变成"明星产品"	有真货、讲真话的作者，堪称处方药营销的经典！
	新医改了，药店就要这样开 尚　锋　著	药店经营、管理、营销全攻略	有很强的实战性和可操作性
建材家居	**建材家居营销实务** 程绍珊　杨鸿贵　主编	价值营销运用到建材家居，每一步都让客户增值	有自己的系统、实战
	建材家居门店销量提升 贾同领　著　【待出版】	店面选址、广告投放、推广助销、空间布局、生动展示、店面运营等	门店销量提升是一个系统工程，非常系统、实战
工业品	**工业品解决方案营销真案例** 刘祖轲　著　【待出版】	用10个真案例讲明白什么是工业品的解决方案式营销，实战、实用	有干货、真正操作过的才能写得出来
	变局下的工业品企业7大机遇 叶敦明　著　【待出版】	产业链条的整合机会、盈利模式的复制机会、营销红利的机会、工业服务商转型机会……	工业品企业还可以这样做，思维大突破
金融	**精品银行管理之道** 崔海鹏　何屹　主编	中小银行转型的实战经验总结	中小银行的教材很多，实战类的书很少，可以看看

续表

经营类：企业如何赚钱，如何抓机会，如何突破，如何“开源”			
	书名．作者	内容/特色	读者价值
抓方向	让经营回归简单．升级版 宋新宇　著	化繁为简抓住经营本质：战略、客户、产品、员工、成长	经典，做企业就这几个关键点！
	企业由小到大要过哪些坎 卢　强　著	老板手里的一张“企业成长路线图”	现在我在哪儿，未来还要走哪些路，都清楚了
	企业二次创业成功路线图 夏惊鸣　著	企业曾经抓住机会成功了，但下一步该怎么办？	企业怎样获得第二次成功，心里有个大框架了
	老板经理人双赢之道 陈　明　著	经理人怎养选平台、怎么开局，老板怎样选/育/用/留	老板生闷气，经理人牢骚大，这次知道该怎么办了
	企业文化的逻辑 王祥伍　黄健江　著	为什么企业绩效如此不同，解开绩效背后的文化密码	少有的深刻，有品质，读起来很流畅
	使命驱动企业成长 高可为　著	钱能让一个人今天努力，使命能让一群人长期努力	对于想做事业的人，‘使命’是绕不过去的
思维突破	跳出同质思维，从跟随到领先 郭　剑　著	66个精彩案例剖析，帮助老板突破行业长期思维惯性	做企业竟然有这么多玩法，开眼界
	7个转变，让公司3年胜出 李　蓓　著	消费者主权时代，企业该怎么办	这就是互联网思维，老板有能这样想，肯定倒不了
	麻烦就是需求　难题就是商机 卢根鑫　著	如何借助客户的眼睛发现商机	什么是真商机，怎么判断、怎么抓，有借鉴

管理类：效率如何提升，如何实现经营目标，如何“节流”			
	书名．作者	内容/特色	读者价值
通用管理	1. 让管理回归简单．升级版 2. 让用人回归简单 3. 让经营回归简单．升级版 宋新宇　著	宋博士的“简单”三部曲，影响20万读者，非常经典	被读者热情地称作“中小企业的管理圣经”
	边干边学做老板 黄中强　著	创业20多年的老板，有经验、能写、又愿意分享，这样的书很少	处处共鸣，帮助中小企业老板少走弯路
	阿米巴经营的中国模式 李志华　著	让员工从“要我干”到“我要干”，价值量化出来	阿米巴在企业如何落地，明白思路了
	欧博心法：好管理靠修行 曾　伟　著	用佛家的智慧，深刻剖析管理问题，见解独到	如果真的有‘中国式管理’，曾老师是其中标志性人物
	1. 用流程解放管理者 2. 用流程解放管理者2 张国祥　著	中小企业阅读的流程管理、企业规范化的书	通俗易懂，理论和实践的结合恰到好
人力资源	走出薪酬管理误区 全怀周　著	剖析薪酬管理的8大误区，真正发挥好枢纽作用	值得企业深读的实用教案
	回归本源看绩效 孙　波　著	让绩效回顾“改进工具”的本源，真正为企业所用	确实是来源于实践的思考，有共鸣
	集团化人力资源管理实践 李小勇　著	对搭建集团化的企业很有帮助，务实，实用	最大的亮点不是理论，而是结合实际的深入剖析
	人才评价中心．超级漫画版 邢　雷　著	专业的主题，漫画的形式，只此一本	没想到一本专业的书，能写成这效果
	我的人力资源咨询笔记 张　伟　著	管理咨询师的视角，思考企业的HR管理	通过咨询师的眼睛对比很多企业，有启发
	本土化人力资源管理8大思维 周　剑　著	成熟HR理论，在本土中小企业实践中的探索和思考	对企业的现实困境有真切体会，有启发
企业文化	华夏基石方法：企业文化落地本土实践 王祥伍　谭俊峰　著	十年积累、原创方法、一线资料，和盘托出	在文化落地方面真正有洞察，有实操价值的书
	企业文化的逻辑 王祥伍　著	为什么企业之间如此不同，解开绩效背后的文化密码	少有的深刻，有品质，读起来很流畅
	企业文化激活沟通 宋杼宸　安琪　著	透过新任HR总经理的眼睛，揭示出沟通与企业文化的关系	有实际指导作用的文化落地读本

续表

生产管理	高员工流失率下的精益生产 余伟辉　著	中国的精益生产必须面对和解决高员工流失率问题	确实来源于本土的工厂车间，很务实
	车间人员管理哪些事儿 岑立聪　著	车间人员管理中处理各种“疑难杂症”的经验和方法	基层车间管理者最闹心、头疼的事，‘打包’解决
	1. 欧博心法：好管理靠修行 2. 欧博心法：好工厂这样管 曾　伟　著	他是本土最大的制造业管理咨询机构创始人，他从400多个项目、上万家企业实践中锤炼出的欧博心法	中小制造型企业，一定会有很强的共鸣
	欧博案例1：生产计划管控 欧博案例2：品质管理 欧博案例3：工厂效率提升 曾　伟　著　【待出版】	最典型的问题、最详尽的解析，工厂管理9大问题27个经典案例	没想到说得这么细，超出想象，案例很典型，照搬都可以了

营销类：把客户需求融入企业各环节，提供“客户认为”有价值的东西

	书名．作者	内容/特色	读者价值
营销模式	变局下的营销模式升级 程绍珊　叶宁　著	客户驱动模式、技术驱动模式、资源驱动模式	很多行业的营销模式被颠覆，调整的思路有了！
	卖轮子 科克斯　【美】	小说版的营销学！营销核心理念巧妙贯穿其中，贵在既有趣，又有深度	经典、有趣！一个故事读懂营销精髓
	弱势品牌如何做营销 李政权　著　【待出版】	中小企业虽有品牌但没名气，营销照样能做的有声有色	没有丰富的实操经验，写不出这么具体、详实的案例和步骤，很有启发
组织和团队	升级你的营销组织 程绍珊　吴越舟　著	用“有机性”的营销组织力替代“营销能人”，把营销团队变成“铁营盘”	营销队伍最难管，程老师不愧是营销第1操盘手，步骤、方法都很成熟
	用数字解放营销人 黄润霖　著	通过量化帮助营销人员提高工作效率	作者很用心，很好的常备工具书
	成为优秀的快消品区域经理 伯建新　著	37个“怎么办”分析区域经理的工作关键点	可以作为区域经理的‘速成催化器’
	一位销售经理的工作心得 蒋　军　著	一线营销管理人员想提升业绩却无从下手时，可以看看这本书	一线的真实感悟
案例	我们的营销真案例 联纵智达研究院　著	五芳斋粽子从区域到全国/诺贝尔瓷砖门店销量提升/利豪家具出口转内销/汤臣倍健的营销模式/娃哈哈联销体	选择的案例都很有代表性，实在、实操！
	招招见销量的营销常识 刘文新　著	如何让每一个营销动作都直指销量	适合中小企业，看了就能用
产品	产品炼金术 史贤龙　著	帮助企业对打造畅销产品有一个全局性、框架性的认识	必须具备的思维和方法，避免在产品上再犯大的错
品牌	中小企业如何建品牌 梁小平　著	中小企业建品牌的入门读本，通俗、易懂	对建品牌有了一个整体框架
	采纳方法：破解本土营销8大难题 朱玉童　编著	全面、系统、案例丰富、图文并茂	希望在品牌营销方面有所突破的人，应该看看
渠道通路	传统行业如何用网络拿订单 张　进　著	给老板看的第一本网络营销书	适合不懂网络技术的经营决策者看
	采纳方法：化解渠道冲突 朱玉童　编著	系统剖析渠道冲突，21个最新的渠道冲突案例、情景式讲解，37篇专题讲义	系统、全面
	快消品营销与渠道管理 谭长春　著	将快消品标杆企业渠道管理的经验和方法分享出来	可口可乐、华润的一些具体的渠道管理经验，实战